결단의 리더
쿠빌라이칸

결단의 리더
쿠빌라이 칸

김종래 지음

초판 1쇄 발행 2009년 7월 10일
    3쇄 발행 2009년 12월 01일

펴 낸 곳   꿈엔들
펴 낸 이   이승철
디 자 인   김진디자인
출판등록   2002년 8월 1일 등록번호 제10-2423호
주   소   121-232 서울특별시 마포구 망원2동 423-9 4층
전   화   02)332-4860 팩스 02)335-4860
이 메 일   nomadism@hanmail.net

값 10,000원

ISBN 978-89-90534-19-4   03900

* 정성을 다해 만들었습니다만, 간혹 잘못된 책이 있습니다.
   연락주시면 바꾸어 드리겠습니다.

결단의 리더

쿠빌라이 칸

김종래 지음

꿈엔들

빠른 자를 이기는 것은 느린 자다
느린 자를 이기는 것은 더 느린 자다
느릴 줄 알아야 빠를 줄도 안다

쿠빌라이칸 약전略傳

　　몽골제국의 제5대 칸이자 대원제국大元帝國의 창업자 쿠빌라이칸은 칭기스칸 사망 12년 전인 1215년 태어났다.

　　그의 아버지 톨루이는 칭기스칸의 넷째 아들이며, 막내가 집안의 재산을 상속받는 몽골 전통에 따라 칭기스칸의 정복지 대부분을 물려받는다. 평안한 삶을 누리던 쿠빌라이는 이후 칭기스칸의 사망과 큰아버지의 칸위 계승, 아버지의 의문사를 거치며 고난에 찬 어린 시절을 보낸다.

　　쿠빌라이의 어머니는 케레이트부족 출신 소르카타니 베키이다. 그녀는 몽골족에 의해 멸망한 케레이트부족장 옹칸의 동생 자카 감보의 셋째 딸인데, 몽골에 전리품으로 넘겨진 뒤 톨루이의 부인이 돼 네 아들을 낳는다. 미망인으로 키운 네 아들 멍케, 쿠빌라이, 훌레구, 아리크 부케는 훗날 모두 제국의 칸이 된다.

　　형 멍케가 몽골제국 제4대 칸에 오른 후, 북중국 경영권을 얻는 일을 계기로 처음 중국을 접한 쿠빌라이는 한인과 이슬람인 등 참모세력을 규합해 1260년 쿠데타로 권력을 잡는다. 이후 동생 아리크 부케와의 유라시아판 남북전쟁을 승리로 이끌고 명실상부한 칸에 오른다.

　　1266년 대도 건설을 시작해 수도를 몽골초원의 카라코룸에서 중국의 북경으로 옮긴다. 1279년 남송을 정복하고, 북경에서 항주에 이르는 1,789Km의 장대한 운하를 개통해 중국대륙에 물류 유통 시스템을 완비한다. 또한 소금인출권(염인鹽引)이라는 '태환지폐'를 유통시키고, 경덕진을 세계의 도자기 공장으로 발전시킨다. 천진을 통한 해운 확대, 유라시아와 이슬람 유럽에 이르는 국제 무역 등 대원제국은 바다를 통한 무역이 꽃을 피웠다.

　　통풍을 앓아 말을 타지 못했으나, 73세의 나이에 코끼리를 타고 반란을 진압할 정도로 현장 속에 묻혀 살던 쿠빌라이는 1294년, 80세의 나이로 숨을 거둔다. 그는 정복의 시대를 통치의 시대로, 초원의 시대를 바다의 시대로 바꾼 패러다임의 전환자로 인류 역사에 큰 족적을 남겼다.

차례

4장 매 초마다 지구 단위로 생각하라

5장 세계를 뒤흔든 대원제국 쇼크

또 다른 유목민 DNA를 찾아서

01

수학여행 가는 날 같았다. 모처럼 초등학교 선배들과 남해안을 여행하기로 했었다. 밤잠을 설쳤지만 아침 일찍 눈을 떴다. 조간신문 머리기사는 여느 때와는 영 다른 기사로 채워져 있었다. '미국의 리먼 브라더스사가 파산 신청했다.' 서둘러 집을 나서느라 그게 뭔지 깊이 생각해 볼 겨를이 없었다. 기차 안에서 선배들과 리먼 브라더스사가 워너브라더스 같은 영화사 이름이냐고 농담을 했던 것도 같다.

그날이 2008년 9월 15일. 그렇게 우리는 신문도 TV도 없는 곳에서 3박 4일을 놀다 돌아왔다. 2008년의 마지막, 그리고 언제 되찾을지 모를 휴식이었다

서울에 왔을 땐, 주변이 어수선했다. 신문은 위기설로 도배질했고,

TV는 외환위기가 재현되느니 사상최대의 위기니 시끄럽게 떠들어댔다. 4일간의 남해안 여행이 아니라 4개월, 아니 4년간의 외유에서 돌아온 느낌이었다. 하지만 너무 둔한 탓이었을까. 그때만 해도 웬 요란, 웬 아우성인가 생각했다. 아니, 적어도 그것이 내 문제로까지 이어질 것이라곤 정말 상상도 못했다.

서브프라임 모기지 부실이 터진 것이 2007년 4월, 그 후로 1년 반이나 되는 세월이 흘렀다. 그 긴 시간 동안 술집이든 거리이든 이 나라에선 숱한 세미나 아닌 세미나, 토론 아닌 토론이 난무했다. 누구나 모이면 서브프라임을 이야기했고, 저마다 서브프라임 사태의 경과가 어떻고 원인이 무엇이고 하는 분석을 나름대로 늘어놓았다. 마치 지식자랑 컨테스트 같았다. 그러나, 참으로 그러나 말이다. 정작 서브프라임 사태가 일으킨 파장이 급기야 이 나라까지 해일로 덮칠 것이라 경고하는 소리는 그 누구 입에서도, 그 어디에서도 들려오지 않았다. 위정자들은, 관료들은, 기업경영의 책임자들은, '아메리카'를 입에 달고 다니던 유식한 분들은, 내로라하는 논객들은 무엇을 하고 있었단 말인가. 정말 해괴한 일은, 그런 그들이 이제는 이 나라 위기 수습을 놓고 열변을 토하고 있다는 사실이다. 마치 오랫동안 준비해온 전문가들처럼.

끝내 리먼 브라더스사는 온 지구를 삼킬 듯 금융위기를 터트렸다. 소금을 과다 섭취한 식습관이 고혈압을 부르고 결국 뇌출혈로 이어진 꼴이었다. 죽는다는 것은 같을지 몰라도, 팔다리가 다쳐서, 신체의 어느 부위가 아파서 시작된 병과는 차원이 다른 사태였다.

연말이 가까워지면서 리먼 브라더스 사태로부터 자유로운 사람은 단한 명도 없게 됐다. 펀드에 투자했던 친구는 원금의 절반도 남지 않았다며 울먹였고, 은퇴 후 고시텔을 운영하던 친구는 방이 텅텅 비어 망하게 됐다고 하소연 했다. 그래봐야 혼자 풀어놓는 넋두리일 뿐이었다. 모두가 피해자여서 누구를 도와주기는커녕, 옴짝달싹조차 할 수 없는 무시무시한 세상이 된 것이다. 남의 돈은 1원도 빌리지 않고 수십 년간 알짜 중소기업을 운영해온 사장이 부도 걱정에 신경안정제를 먹어야 하고, 돈을 빌려주는 은행이 달러 부족으로 정부의 구제금융에 발을 동동 굴려야 하고, 분양받은 새 아파트로 이사 가려 해도 살고 있는 아파트가 팔리지 않아 천문학적 연체료의 날벼락을 맞아야 하는, 몇 달 뒤에 시집갈 딸아이의 혼수자금을 조금이라도 불려보겠다고 주식에 넣어두었다가 휴지조각이 돼버려 파혼 직전으로 몰리는 생지옥의 현실에서 누구인들 무사할 수 있을 것인가.

생각해보자. 리먼 브라더스사 파산 소식이 전해지기 하루 전날 주식을 산 자와 주식을 판 자, 달러를 산 자와 판 자, 아파트를 산 자와 판 자,

그들의 운명이 어떻게 갈릴 것인지를. 그 '찰나의 행운'이 지금껏 우리가 배워온 재테크니 경제 지식이니 하는 것들을 모조리 무력화시켰다. 돈이 생길 때마다 김장독에 묻어두는 '무지의 경제학' '부동不動의 경제학'이 오히려 돈을 버는, 어찌 보면 말도 안되는 세상이 된 것이다.

02

오늘날 우리는 디지털화, 글로벌화, 정보화된 세상을 살고 있다. 그런데 휘황찬란하고 매끈한 문명이 그만큼 더 큰 위험을 수반하고 있다는 사실을 우리는 처절하게 경험하고 있다. 걸어다니던 시절의 사고事故라는 것은 두 사람이 부딪치는 정도에 불과했다. 그러나 자동차가 생기고 비행기가 출현하고 인터넷이 등장하면서 사고도 대형화됐다. 오늘날 우리가 겪고 있는 위기는 그런 현상의 집대성이다. 위기는 예상할 수 없이 커지고, 순식간에 지구 전체로 번져 나간다. 쓰나미처럼, 흑사병처럼, 신종플루처럼.

위기가 위기로 끝나지 않고 구조화되고 질서화된 세상인 것이다. 이런 세상에서 우리는 어떻게 해야 살아남을 수 있을까? 언젠가 봤던, 독일의 소설가이자 전기 작가인 슈테판 츠바이크의 글이 기억났다.

역사상의 별 같은 순간이 있고 나면 수십 수백 년의 역사가 그 순간에 의해 결정되고 만다. 전 대기권의 전기가 피뢰침 꼭대기에 빨려 들어가듯이 이루 헤아릴 수 없는 사건들이 시간이라는 뾰족한 꼭지점 하나에 집약되어 실현되는 것이다. 보통은 앞뒤로 평온하게 일어나던 일이 단 한 순간 속에 응측되어 나타나서 역사상의 모든 것을 규정하고 결정하게 된다. 결국 단 한 번의 긍정이나 단 한 번의 부정, 너무 빠르거나 혹은 너무 늦거나 하는 일이 이 순간을 돌이킬 수 없는 것으로 만든다. 그래서 개인의 삶과 민족의 삶에, 더 나아가서는 인류 전체의 운명의 흐름에 결정적인 작용을 하게 되는 것이다. 앞으로 오랫동안 지속적으로 작용하게 될 중대한 결정이 어느 한 날짜 혹은 어느 한 시각에 집약된다. 이렇게 극적으로 응측된 운명적인 순간이란 개인의 삶에서도 드문 일이고 역사의 흐름에서도 드문 일이다.

- 《광기와 우연의 역사》 자작나무출판사 발행

역사를 결정하는 별 같은 한 순간, 인간에게 그것은 '결단'이다. 눈 깜짝하면 변하는 지금의 현실에선, 매 순간순간 스스로 결단을 내리지 않으면 안된다. 리더만의 문제가 아니다. 개개인 모두가 예외일 수 없다. 경매에서 낙찰을 받기 위해 분주하게 움직이듯 시시각각으로 판단하고 선택해야 한다. 스타크래프트 게임처럼 전체를 조작하고 관리해야 살아남을 수 있다. 아니, 우리 모두가 그 게임 안에 들어있는 캐릭터가 되었다. 누구에게 지시받고 검사받고 할 시간이 없다. 개인이, 집안의 가장이, 부서의 리더가, 자기 권한에 맞는 결단을 행사하지 못하면 그가 이끄는 집단은 엄청난 재앙에 휘말린다.

다시 돌이켜보자. 리먼 브라더스 붕괴의 파급 효과는 72시간, 길어도 96시간 만에 전 지구로 확산됐다. 과거 IMF때는 장관이 대통령에게 보고를 했느니 안했느니, 보고 내용을 놓쳤느니 아니었느니가 문제였지만, 지금 그런 것은 의미가 없다.

사태가 어떻게 돌아가는지를 모두가 알고 있기 때문이다. 백악관의 한마디 한마디가, 크렘린의 일거수일투족이, 런던 증시의 등락이 남해안 오지의 섬에까지 시시각각 전달된다. 위정자가 먼저 알고 국민들은 위정자로부터 뒤늦게 전해 듣는 게 아니라 모두가 함께 듣고 함께 알아채는 세상이 온 것이다. 아랫사람으로부터 엄숙하게 보고받고 호통치는데 심취한 위정자라면 오지의 국민보다 더 늦게 전해 들을지도 모를 일이다.

'단계성의 사회'가 '동시성의 사회'로 탈바꿈한 것이다. 이런 사회에선 사람들은 리더의 결단을 기다리지 않는다. 스스로 결정해놓고 리더의 결단을 지켜볼 뿐이다. 그래서 정확하고도 단호하게 결단하는 리더가 없으면, 리더의 결단이 없으면 공동체는 공멸한다. 위기 시대에 진정한 리더는 그래서 결단의 리더가 돼야 한다. 글로벌 위기 시대의 리더는 매 순간순간 지구 단위로 판단하고 결단해야 한다. 지역 단위, 나라 단위 따위의 사고는 부질없는 일이다.

03

IMF 외환위기를 맞았던 1998년 《밀레니엄맨 칭기스칸》을 출간했다. 실의에 빠진 사람들에게 희망을 주고 싶은 바람이 있었다. 태풍처럼 몰아쳐 세상을 휩쓸어갔던 저 미래형 인간을 보여주고 싶었다. 그로부터 꼭 10년이 지났다.

지금의 상황은 외환위기 때와는 전혀 다르다. 당시엔 우리만의 문제였고 우리의 상품과 신용을 사줄 나라들이 있었다. 지금은 아니다. 나를 팔 용의는 있는데 나를 사줄 사람이 없다. 도와줄 형제도, 친구도, 동료도, 이웃도, 나라도 없다. 이 암울한 터널이 얼마나 길지, 언제 어떻게 그 터널의 끝에서 밝은 빛을 보게 될지 아무도 모른다. 여진餘震이 얼마나 클지, 어디서 누구를 흔들어댈지 헤아릴 길도 없다. 내다팔 아이들 돌반지도 더는 남아있지 않고, 졸라맬 허리띠도 이젠 없다. 더욱 안타까운 것은 IMF 외환위기를 거친 우리들 몸에는 자라 보고 놀란 가슴 솥뚜껑 보고 놀라는 식의 공포와 불안 심리가 소름끼치도록 배어 있다는 사실이다. 큰 사고를 겪고 난 뒤 두고두고 시달리는 외상성 스트레스 증후군 같은 것이다.

지금 이 시기에, 또다시 실의에 빠진 사람들에게 꿈과 희망과 용기를 주고 싶은 욕심이 솟는다. 그러면서 한 사람을 떠올린다.

쿠빌라이칸. 칭기스칸의 손자다. 1215년에 태어나 80세에 사망할 때까지 몽골초원과 중국대륙을 누비며 인류의 역사를 송두리째 바꾸어 놓은 풍운아 중의 풍운아이다.

칭기스칸의 네 아들 중 막내아들의 둘째 아들로 태어나 주위의 숱한 핍박과 역경과 맞서 싸우며, 대원大元제국을 창업한 유목민이다. 군사 쿠데타로 권력을 틀어쥔 뒤 이민족으론 처음으로 중원의 황제에 오른 몽골인이다. 인류사상 처음으로 글로벌 경영시스템을 탄생시켜 지구촌 시대를 연 끈질기고 신념에 찬 통치자였다. 원대한 비전으로 북경과 그 주위에 지상 최대의 메트로폴리스를 건설하고, 북경과 항주, 북경과 천진을 운하로 연결해 물류 네트워크의 신기원을 이룩한 개혁정치가였다. 은본위제에 바탕한 고액의 소금 인출권(염인鹽引)과 교초라는 지폐를 만들어 중세에 달러 같은 기축통화를 유통시킨 치밀하고 노련한 경영자였다. 도자기를 구울 때 나무 대신 석탄을 이용하는 기술을 보급해 에너지 혁명을 일으키고, 양자강 아래의 경덕진景德鎭을 세계의 공장지대로 키운 실용주의자였다. 길고 넓은 시야로 이탈리아 베네치아의 상인 마르코 폴로를 면담하고, 16세 된 딸을 고려에 시집보내 고려를 부마駙馬국가로 삼은 세계인이다.

쿠빌라이는 할아버지 칭기스칸과는 다른 인간이다. 두 사람 다 불우한 어린 시절을 보냈지만 어찌 보면 정반대의 삶을 살다 갔다는 게 정확할 것이다. 할아버지의 어머니는 시집가던 길에 납치돼온 여자였고, 손자의 어머니는 전쟁에서 패배한 부족의 딸로 살다 전리품으로 바쳐진 여자였다.

할아버지는 가문은 무너졌지만 그래도 가문 안에서는 촉망받는 희망이었고, 손자는 세상을 지배하는 가문에서 태어났지만 가문 안에서는 버림받은 아이였다. 할아버지 세대의 몽골인들은 수십 년 내전으로 나락에 떨어진 야만인들이었지만 할아버지는 그들의 리더가 됐고, 손자 세대의 몽골인들은 세계의 1등 시민으로 올라섰지만 정작 손자 자신은 보잘것없는 신세로 출발했다.

그러나 그 손자는 역사를 살았던 그 어떤 후계자들보다 더 큰 성공을 거둔다. 그리하여 창업자인 할아버지를 훨씬 뛰어넘는 새로운 창업자로 기록된다.

그는 할아버지가 물려준 초원과 말의 시대를 과감하게 마감하고, 바다와 배의 시대를 출범시켰다. 할아버지가 열었던 정복과 약탈과 정치의 시대를 단호하게 끝내고, 통치와 통합과 경영의 시대를 개척한다.

흔히들 쿠빌라이가 세운 원나라라고 하면 중국의 여러 왕조 중의 하나쯤으로 받아들이기 쉽다. 그건 순전히 오해다. 원나라는 원元(시작, 큰본)이라는 국호가 상징하듯 인류사상 첫 세계제국이었다. 이집트의 파라오들도, 페르시아의 다리우스 대제도, 로마의 시저도, 마케도니아의 알렉산더 대왕도 이루지 못한 세계제국이었다. 더욱이 동양에서 출현한 나라 중 지금까지도 유일한 세계의 중심국가, 세계의 허브국가였다. 시황제의 진나라, 무제의 한나라, 태종의 당나라, 조광윤의 송나라, 주원장의 명나라, 홍타이시의 청나라를 보라. 그 나라들은 동양 밖으로 나가지 않은―혹은 나가지 못한―중원의 강자에 머물렀을 뿐이다.

콜럼버스가 유럽인들의 열망을 모아 새로운 드림을 찾아나선 대항해의 최종 목적지가 바로 원나라였다. 원나라는 몽골제국의 종주국일 뿐아니라 동서양을 아우르는 가장 큰 제국, 북방 유목문명과 정착문명권의 중국 그리고 아랍문명을 통합한 제국이었다.

쿠빌라이의 족적을 좇다보면 오늘날 위기의 시대를 사는 우리들에게 전율처럼 와닿는 사실, 쿠빌라이 생애를 처음부터 끝까지 관통하고 있는 한가지 사실과 만나게 된다.

그것은 결단력 있는 자만이, 결단하는 자만이 살아남는다는 사실이다. 더 큰 꿈, 더 원대한 꿈을 가진 자만이 결단할 수 있으며, 진정한 결단은 하나를 얻기 위해 모든 것을 버리는 것이라는 사실이다. 우유부단 좌고우면 우왕좌왕은 위기의 시대엔 사망선고나 다름없다. 개인, 조직, 공동체 그 어느 것도 예외일 수 없다.

이제 세상의 패러다임이 바뀌었다. 철도의 시대에서 말 채찍업자가 돈을 버는 방법은 영원히 없다. 전자시계가 등장하는 순간 스위스 시계업자들은 몰락의 길을 걸을 수밖에 없다. 디자인의 고급화나 영업전략의 혁신 정도로는 과거의 영광을 재현하지 못한다. 패러다임의 변화가 아니고는 설명이 불가능한 전혀 다른 세계가 등장한 것이다.

쿠빌라이는 일평생 위기를 먹다 간 사람이다. 그는 자신을 덮치는 위기 때마다 결단의 힘으로 정면돌파해 영원히 살아남을 수 있었다. 어린 시절의 불행, 죽음을 오가는 위기가 그를 단련시켰고, 스스로 야수가 될 수 있었다. 그는 낭만적 유목민이 아니었다. 약탈과 전쟁에 승부를 걸지도 않았다. 쿠빌라이칸은 또 다른 유목민 DNA의 소유자, 새로운 유목 패러다임의 창조자였다.

이 책《결단의 리더 쿠빌라이칸》은 무자비한 실용주의와 현장주의, 느림을 경영하고, 포용력을 갖추며, 소통의 리더십을 실현했던 쿠빌라이의 생애를 통해 오늘을 사는 우리들에게 진정한 리더십, 결단의 리더십을 다시 생각하게 만들 것이라 믿는다.

위기가 가속화하고 심화되는 사회—그래서 이 책은 과거의 영광 속에서 헛물켜는 흘러간 기록물도, 청중 없는 단상에 올라 몽유병자처럼 미래를 읊어대는 설교집도 아니다. 살아남는 것이 최고의 가치가 된, 살아남기 위해 살아야 하는 바로 오늘, 지금 이 순간의 우리들의 이야기이다. 연대기로 꾸미지 않은 까닭도 바로 여기에 있다.

본격적인 이야기를 시작하기에 앞서 이 불세출의 영웅의 진면목을 읽을 수 있는 장면부터 보자.

1장

말 위에서 천하를 정복할 수는 있지만
말 위에서 천하를 통치할 수는 없다

우리는 점령군이다
그러나 약탈과 강간을 일체 금한다

전쟁 장터

때는 1268년. 고려로 치면 제24대 원종 시절이었다. 원종은 그 9
년 전인 1259년 몽골의 쿠빌라이칸에게 항복 문서를 전한 사람이
다. 당시 그는 세자 신분이었다. 고려의 항복을 받아냈던 쿠빌라이
칸. 이제 몽골제국 제5대칸이자 대원제국의 황제에 오른 그가 남
송 정벌을 선언하고 군사를 움직였다. 1차 목표는 양자강의 지류
인 한수漢水 접경이자 악주의 초입에 있는 상양襄陽과 번성樊城. 강
의 양 옆에 세워진 난공불락의 쌍둥이 도시였다.

북쪽으로는 한수가 흘러 성을 끼고 남쪽으로 굽어지고, 성의 남
쪽엔 현산이 병풍처럼 둘러쌓여 있으며, 서쪽에는 만산이 서부의

장벽 역할을 하는 천혜의 요새지이다. 게다가 남송 최고의 지휘관 여문환呂文煥 장군이 지키고 있었다. 여문환 장군에게 전령이 황급히 당도한다.

"몽골의 수십만 기마병이 이곳을 향해 돌진하고 있습니다!"

여문환은 머리가 쭈뼛 서는 느낌이었다. 몽골군은 패배를 모르는 천하무적의 군대였다. 스스로를 푸른 늑대라 칭하며 말 위를 뛰어다니는 미치광이 부대였다.

"저들을 어떻게 막아내야 하나?"

상양과 번성은 남송의 수도 임안臨安, 현재의 양자강 남쪽 항주으로 가는 지름길이자 목줄이었다. 이곳을 점령당하면 그날로 남송의 명운이 끝난다.

여문환 사령관은 즉각 전투태세에 돌입했다. 상양과 번성을 잇는 강 위의 부교浮橋를 재점검했고 식량을 비축했다.

피가 마르는 시간이 지나 몽골군이 모습을 드러냈다. 전령의 말대로 몽골군의 위용은 무시무시했다. 오색 천의 깃발이 하늘을 찔렀고, 병사와 말들이 외치는 소리가 대지를 뒤덮었다. 이제 칼과 화살이 난무하는 살육전이 시작될 것이다.

그런데 맹렬한 속도로 진군해오던 몽골군이 갑자기 말을 세웠다. 불화살이 쏟아질 것이라 생각했던 여문환으로선 의아하지 않을 수 없었다. 몽골군의 이상한 행동은 이어졌다. 그들은 말에서 내려 삽과 곡괭이를 들고 땅을 파기 시작했다.

참호를 파고 또 파고 그 흙으로 방호벽을 쌓고 또 쌓았다. 몽골병사들의 반복되는 일과였다. 얼핏 보면 전쟁을 벌일 의사가 없어 보였다. 속전속결을 철칙으로 삼는 몽골 기마군의 모습과 너무 달랐다. 잔뜩 긴장해 있던 성안의 남송 군사들은 고개를 갸우뚱거렸다. 얼마 후 몽골군이 쌓은 거대한 토성이 모습을 드러냈다. 상양과 번성을 둘러 싼 무려 100킬로미터의 성벽이었다.

몽골군의 토성을 본 여문환은 속으로 쾌재를 불렀다.

"비가 오면 토성은 무너질 것이다. 그때까지 버티기만 하면 된다. 몽골군은 스스로 무덤을 팠다."

상양성과 토성이 마주 선 채 지리한 대치상태가 계속됐다.

전황은 여문환의 생각보다 훨씬 느리게 전개됐다. 지금쯤이면 공격해올 것이라고 예상한 시점에도 몽골군은 전혀 움직이지 않았다. 성을 뛰쳐나가 기습하면 방어할 뿐이었다. 몽골군은 포로로 잡힌 남송 군사들을 다시 성 안으로 돌려보내기도 했다. 그러는 동안 차츰차츰 성 안의 식량이 줄어갔다. 여문환은 아내와 자식들을 성 밖으로 내쫓았다. 병사들이 극구 만류했지만, 여문환의 필생즉사 필사즉생의 각오는 흔들리지 않았다. 눈물을 흘리는 남송 병사들의 전투 의지는 더욱 높아갔다. 그러나 문제는 몽골군이 전혀 전투를 시작하지 않는다는 것이었다.

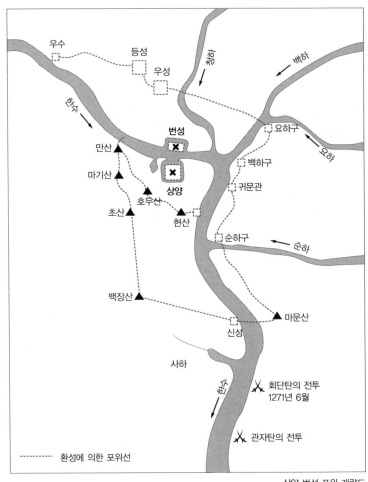

우수
등성
우성
청하
백하
한수
요하구
번성
만산
백하구
마기산
귀문관
상양
호우산
초산
현산
순하구
순하
백장산
마문산
신성
사하
한수
회단탄의 전투
1271년 6월
관자탄의 전투

------- 환성에 의한 포위선

상양 번성 포위 개략도

그 즈음, 몽골의 사신이 성 안으로 찾아왔다.

"남송의 상양성과 몽골군의 포위망 사이의 공백지대에 장터를 만들어 교역을 하자."

여문환은 거부할 수 없었다. 성안의 백성을 위해서였다. 여문환 가문은 대대로 이 지역을 관리해온 지주 집안이었다. 여문환에게 상양성 사람들은 남이 아니었다. 먹여 살려야 할 식구들이었다.

적과 적 사이에 교역이 시작됐다. 물건을 파는 쪽은 대체로 남송 사람들, 사는 쪽은 몽골군이었다. 사상 유래가 없는 '전쟁 장터'였다. 참으로 희한한 장터였다.

전쟁터에 피비린내가 사라졌다는 소식을 듣고, 그 신기한 현장을 관광하고 쇼핑하기 위해 도처에서 사람들이 모여들었다. 그들을 상대로 물건을 파는 가게가 하나 둘 들어서더니 장터는 어느새 사람들이 북적거리는 시장이 됐다.

전함을 만드는 몽골 병사

그때 남송 정부는 무엇을 하고 있었을까? 황제와 관료들은 회의에 회의를 거듭했다. 장터로 변한 전장은 너무나 한가해 보였지만, 그렇다고 수도의 목줄을 쥐고 있는 요충지를 외면할 수는 없는 노룻이었다. 마침내 남송 정부는 지원군 파병을 결정한다.

두 차례에 걸쳐 보낸 지원군이 몽골군에게 격퇴당했다. 상양 번성이 포위된 지 3년이 지난 1271년 6월, 남송은 최후의 수단으로 수륙기동부대를 파병했다. 범문호范文虎 장군이 이끄는 10만의 병력이 한수를 통해 북상을 시도했다. 육로가 아니라 물길을 이용한 지원 병력이었다.

그러나 남송은 몽골군을 몰라도 너무 몰랐다. 남송은 초원에서 훈련된 몽골군이 물에선 맥을 추지 못할 것이 자신했지만, 그건 치명적인 오판이었다. 몽골군은 남송이 한수를 이용해 공격해 올 것이고, 그때 역공해 승부를 판가름 내겠다며 기다리고 있었다. 몽골군은 이번 전쟁을 한수에서의 해전이지, 육지싸움이 아니라고 보고 수천 척의 전함을 건조하거나 징발해놓고 있었다. '육지의 전투에 능한 몽골군이 물의 전투에서 승부를 가린다.' 그 누구도 상상할 수 없는 이 작전을 위해 몽골군은 오래전부터 수군을 편성해 포위망 뒤편에서 피눈물나는 해전훈련을 거듭해왔다. 극비훈련이었다.

육군 전투력에서 세계 최강의 몽골군이 수군 전투력에서도 막강해진 사실을 꿈에도 상상하지 못했던 남송군. 근거 없는 자만심으로 눈을 가린 남송군은 몽골군이 쳐놓은 덫에 제 발로 걸려들었다. 결과는 전멸이었다. 이로써 남송은 사실상 끝났다.

남송군을 정말 미치게 만든 것은 몽골군의 그 다음 행동이었다.

10만 병력을 수장시켰으면 총공세에 나설 법도 한데 몽골군은 여전히 복지부동이었다. 이따금 저돌적으로 공격해오는 남송군을 막을 뿐이었다.

전쟁 아닌 전쟁, 대치 아닌 대치는 5년이나 계속됐다.

그 5년은 쿠빌라이 입장에서는 철저히 계산된 시간이었다. 수군 훈련과 전쟁 장터 그리고 계속되는 지구전. 쿠빌라이는 때를 기다리고 있었다. 그의 계산은 적중했다. 지칠대로 지친 성안의 남송인들이 탈출하기 시작했다. 몽골군은 그들을 한사람도 빼놓지 않고 받아들였다. 성안의 남송인들은 참담했지만 중앙정부의 지원군은 더 이상 오지 않았다. 상양과 번성은 안에서부터 무너져 내리고 있었다. 먼저 번성이 함락됐다.

속도는 생각의 잣대이지, 행동의 목표가 아니다. 이 세상에 '속도 경영'은 없다. '속도를 경영'하는 것만이 있을 뿐이다. 쿠빌라이의 몽골군은 그걸 알았다. 빠른 자를 이기는 것은 느린 자다. 느린 자를 이기는 것은 더 느린 자다. 느릴 줄 알아야 빠를 줄도 안다.

5년 동안이나 지겹고도 지리한 지구전을 펴온 몽골군은 번성이라는 버팀목 하나가 무너지자 돌연 속도전으로 돌아섰다.

번성이 함락된 지 2년쯤 지난 1272년 12월, 상양성 멀리 포진한 몽골군 진영에 괴상한 무기들이 나타나더니 갑자기 돌폭탄들이 굉음을 내며 성 안으로 날아왔다. 회회포回回砲였다. 회회포는 일칸국에서 초청해온 이스마일과 알리 앗딘이라는 두 전문가가 만든 최첨단 투석기다. 화약이 장착된, 80kg이나 되는 돌덩어리를 7～800미터 떨어진 목표점을 향해 날려보내는 무시무시한 병기였다. 날아드는 돌폭탄이 마치 우박 같았다. 성채 곳곳이 무너지고 병사들이 깔려 죽었다. 아수라장, 생지옥이 따로 없었다. 남송 병사들은 절규했다.

《원사元史》는 당시 상황을 이렇게 기록한다. 명나라 때 편찬된 《원사》는 쿠빌라이가 세운 대원제국의 정식 역사서이다.

"폭탄의 무게는 1백50근으로 발사될 때 소리가 천지를 진동했고, 폭탄에 맞으면 부서지지 않는 것이 없었다. 폭탄이 떨어진 곳은 7척이나 패였다."

그러기를 3개월. 때가 무르익었다고 판단한 쿠빌라이는 여문환 장군에게 친서를 보낸다. 1273년 3월이었다.

"너희들이 성을 지키기를 5년. 주군을 위한 노력은 곧바로 충의忠義의 화신이다. 그러나 이제 지원은 단절됐고, 남송은 기울었다. 군주는 멍청하고 신하는 분수를 모르고 날뛰고 있다. 성을 지킬 의미가 없다. 여문환 혼자 나라를 위해 죽는다면 모르지만, 성의 병사들마저 죽을 필요는 없지 않은가. 만약 항복한다면 너의 충의를 평가해 중용할 것이다."

이때쯤 몽골군 총사령관에 바얀 장군이 임명됐다. 바얀은 몽골의 명문 가문 바아린족 출신으로 17세 때 쿠빌라이의 바로 아래 동생 훌레구를 따라 페르시아에 원정했다가 훌레구가 그곳에 세운 일칸국에서 청년시절을 보냈다. 이후 바얀은 아바카칸―훌레구는 1265년 사망했으며 그의 아들 아바카가 재위를 계승했다―시절 쿠빌라이의 부름을 받고 일칸국에서 대원제국으로 건너왔다.

여문환은 지칠대로 지쳐 있었다. 수군 참패 후 발을 뺀채 몽골군과 내통하고 있다는 엉뚱한 모함까지 하는 남송 중앙정부에 극도의 배신감도 느끼고 있었다. 마침내 그는 휘하 병사들과 함께 제발로 성을 나가 쿠빌라이를 찾아간다. 쿠빌라이는 여문환을 극진한 예우로 대하고 포로로 잡아두었던 그의 가족들을 돌려준다. 여문환 일행은 감격하고 또 감격했다.

여문환은 남송 공격의 선봉을 자청했다. 여문환을 따라 악주에 입성한 몽골군은 추수가 끝난 겨울 들판을 지나듯 남송의 수도 임안으로 향했다. 임안으로 향하는 바얀 총사령관은 몽골군에게 엄명을 내렸다.

"남송의 사람, 물자, 마을, 그 모든 것에 손을 대면 처형한다. 약탈과 겁탈과 살육을 일체 금한다."

남송 각지의 장병들, 관리, 백성들은 눈이 녹아내리듯 투항했다.

1279년, 바얀 장군이 임안에 입성했다. 남송 황실 사람들 대부분은 항복했다. 임안의 어떤 것도 파괴되지 않았고, 그 누구도 희생

되지 않았다. 몽골군은 치안 유지를 위해 집집마다 가족 전원의 이름을 써 붙이게 하고 야간 외출을 금지시켰다.

무혈입성無血入城. 일반서민들 눈에는 달라진 게 하나도 없었다. 그들로서는 언제 왜 지배자가 바뀌었는지 알 까닭도, 알아야 할 필요도 없는 것 같았다. 왕조의 소리 없는 소멸이었다.

3백18년 역사의 송나라북송 1백66년, 남송 1백52년가 도대체 왜 이렇게 됐을까.

전술 전략 따위로 분석하는 것은 한가하기 짝이 없는 일이다.

남송은 북송 시절 여진족이 세운 금나라에 밀려 수도 개봉開封을 버리고 양자강 이남으로 천도한 나라이다. 그들은 국가부흥 고토 회복 권토중래보다 공포와 불안 심리를 먼저 익혔다. 불행한 학습 효과다. 학습된 공포감과 불안 심리는 스스로에게 족쇄를 채우고 바이러스처럼 퍼지기 마련이다. 남송인들은 여문환 장군에게 한 가닥 희망을 걸었지만, 희망의 고리는 쿠빌라이에 의해 무참하게 잘려나갔다. 여문환의 항복은 남송인들에게 되풀이되는 악몽 중의 악몽이었다. 남송의 마지막 저항군은 오늘날의 광동성 남부 주강珠江 삼각주에서 최후를 맞았다. 최후의 항장 육수부陸秀夫는 9살의 어린 황제 조병趙昺을 등에 업고 애산厓山의 섬 절벽에서 출렁이는 파도를 향해 몸을 날렸다.

초원을 대체할 신천지를 찾아라

그럼 쿠빌라이는 처음부터 남송정복전쟁을 계획했을까? 아니다. 그는 몽골제국 제5대 칸으로 즉위한 1260년 한인漢人 참모-한인은 북중국에 살면서 몽골에 협력한 중국인, 거란인, 여진인, 고려인을 말한다- 학경을 남송에 사신국신사國信使으로 보냈다.

"전에 맺은 정전협정을 다시 논의하자."

후술하겠지만, '전에 맺은 정전협정'이란 쿠빌라이가 남송의 가사도와 악주에서 맺은 비밀협정을 말한다. 가사도는 이 협정을 맺은 뒤 남송 정부에 몽골과 싸워 이겼다고 허위보고하고 승승장구의 길을 걷는다.

학경을 맞은 가사도는 두려웠다. 허위보고한 사실이 드러나면 끝장이었다. 그는 학경 일행을 진주眞州에 가두어 버렸다. 학경은 "정전협정을 다시 맺을 수 없다면 내 조국으로 보내만 달라"는 탄원서를 올렸지만 가사도는 그것마저 불태워 버렸다.

남송이 사신 학경을 구금한 것은 외교관례를 무시한 행동이며, 몽골에 대한 명백한 도전행위였다. 그럼에도 쿠빌라이는 몇 차례 회유책을 시도했지만 남송은 항복할 의사가 없었다. 1267년 쿠빌라이는 마침내 남송 공격을 선언한다. 학경을 사신으로 보낸 지 7년만이다.

쿠빌라이는 1년 동안 작전계획을 짠 뒤 진격 명령을 내린다. 지휘부는 다국적 집단으로 구성했다. 한인 사천택 장군, 남송에서 귀순한 유정劉整장군, 위구르인 아릭 카야 장군, 몽골인 아주 장군 등이었다.

"무슨 수를 써서라도 남송을 파괴하지 않고 정복하라."

쿠빌라이는 지휘관들에게 엄명을 내렸다.

"말 위에서 천하를 얻을 수는 있지만 말 위에서 천하를 통치할 수는 없습니다."

《원사》에 기록된, 한인 참모 유병충이 쿠빌라이에게 건의한 말이다. 쿠빌라이 노선을 이보다 더 절묘하게 상징하는 표현은 없다. 정복보다 통치가 얼마나 중요하고 얼마나 어려운지를 깨우쳐주는 말이다. 먹을 것이 절대 부족했던 몽골 유목민의 전통적 관점에서 보면 전쟁은 정복을 의미했고 정복은 파괴 약탈 살육을 뜻했다. 그러나 통치라면 얘기가 달라진다.

그렇다면 유병충의 건의를 받아들여 정복 대신 통치를 택한 쿠빌라이는 이단자인가?

그럴 수도 있다. 그는 선조 대대로 삶의 근거지로 삼았던, 그리고 무엇보다 할아버지 칭기스칸의 창업 이념이기도 했던 초원의 가치를 부정한 사람이다. 초원을 벗어난, 초원 없는 세상은 상상도 못했던 유목민들이다.

쿠빌라이는 새로운 세계를 창조하기 위해 그걸 버렸다. 그럼 그의 다음 수순은 무엇일까. 중국이었다. 중국은 초원을 대체할 신천지였다. 마지막 목적지 바다로 나아가기 위해서도 더없이 중요한 지역이었다.

"몽골제국이 초원에 안주하는 한 반드시 무너지게 돼 있다. 그걸 막으려면 제국의 중심을 중국으로 옮기는 길밖에 없다. 그 신천지를 수중에 넣어야 제국의 위기를 끝낼 수 있다."

그중에서도 양자강 남쪽의 남송 지역은 물자 대국 중국에서도 알짜배기 물자창고였다. 물자창고였기 때문에 쿠빌라이는 남송을 털 하나 뽑지 않고 수중에 넣어야 했다. 그러나 남송은 중국인들이 자랑하는 문화대국이었다. 찬란한 문명을 자랑하는 세계의 1등 국가였다. 시와 문장과 가무…. 그 어느 것도 중국 역대 왕조 중 단연 최고였다. 그런 제국을 무력 사용 없이 얻어야 했다. 무력 사용 없는 정복은 인수 혹은 접수를 뜻한다. 그걸 이루지 못하면 쿠빌라이제국은 절반의 제국, 미완의 제국으로 끝난다. 그가 품어온 원대한 이상도 물거품이 된다. 전쟁 장터와 양자강의 몽골 수군은 그런 쿠빌라이 구상의 첫단추였다.

물의 고속도로,
중국 지도를 바꾸다

적수담, 북경에 건설된 국제 무역항

이번에는 쿠빌라이가 중국대륙에 세운 대원제국의 단면을 보자.

중국의 수도 북경, 이 걸출한 도시는 쿠빌라이가 치세 기간 대부분을 투자해 완성시킨 프로젝트의 산물이었다. 쿠빌라이는 몽골 본토는 물론이고, 양자강 이남까지의 중국 전 대륙, 그리고 이슬람과 유럽에 이르는 형제국가를 실질적으로 지배하는 대칸이었다. 세계를 지배하는 쿠빌라이에겐 그에 걸맞는 수도가 필요했다.

쿠빌라이는 만리장성 이남에 수도 건설을 시작했다. 1266년 겨울에 시작된 공사가 4반세기나 계속돼 1292년 완성된다. 그는 도시 이름을 대도大都라 짓는다. 대도엔 당시로서는 발상하기 힘든 쿠빌라이의 신국가 구상이 고스란히 녹아 있었다.

세계제국은 물류 네트워크 없이는 불가능하다. 쿠빌라이는 물류 국가를 만들기 위해 도시 중앙에 적수담積水潭이라는 인공호수를 만든다. 적수담은 대도와 강남땅을 육지에서 잇는 수운, 내륙과 바다를 잇는 해운의 중심센터 역할을 하는 육지 안의 내항內港이었다. 수운에다 해운 기능까지 추가돼 적수담에는 쌀을 비롯한 중국 남부지방의 물자를 실은 배, 이슬람과 유럽의 물품을 싣고 인도양을 항해해온 국제선박들이 빼곡히 정박했다.

적수담에 대한 중국측 기록을 보자.

"적수담의 넓이는 동서로 2리이고, 물이 깊고 넓어서 마치 바다와 같았다. 적수담의 동쪽에는 지금의 덕승교德勝橋의 서쪽면이 있었고 동남쪽에는 북해가 있었으며, 중간에는 아무것도 없어 전부 하늘과 물만 있으니 사람들에게 황홀경을 선사했다."

남쪽에서 운하를 통해 적수담으로 들어오는 배가 하루에 1천 척이 넘었다고 한다. 원나라는 8,000척의 조운선을 만들어 하루도 빠짐없이 북경과 외부를 연결시켰다. 그 덕택에 북경은 전에 없는 번영을 누릴 수 있었다.

1292년 통혜하가 건설된 후부터 대도는 다시 한번 도약한다. 강남과 아랍과 유럽의 쌀, 목재, 도자기, 비단 등을 실은 배가 적수담으로 꼬리를 물고 들어왔다.

북경과 적수담

당시 대도 상권의 중심지는 적수담 북쪽에 있는 서가斜街였다. 사람들은 이를 동성東城의 서가시라 불렀다. 여기에 서성西城의 양각시羊角市, 북성北城의 추밀원각시樞密院角市를 합쳐 대도 3대 시장이라고 했다. 이 3대 시장 외에도 쌀과 국수를 파는 시장, 건초시장, 잡화시장, 단자시장, 가죽시장, 거위와 오리시장. 구슬시장, 종이시장, 신발시장, 차시장, 나무시장, 어시장, 금은시장, 과일시장, 철기시장, 노점시장, 연료시장, 연지와 분을 파는 시장 등 생활용품은 물론 사치품 시장까지 들어섰다.

통혜하, 적수담의 창窓

대도의 국제 무역항 적수담에서 밖으로 향하는 물류 네트워크는
두 갈래다. 하나는 양자강 이남으로 가는 길이고, 다른 하나는 바
다로 가는 길이다.

쿠빌라이와 참모들은 그 네트워크로 대운하를 구상했다. 물의
고속도로다.

육로를 이용해 물자를 대량으로 수송하려면 막대한 경비가 든
다. 당시엔 기차나 화물트럭이 없던 시절이다. 기껏해야 지게 달구
지나 우마차였다. 이런 형편이면 운하를 통해 배로 실어나르는 게
가장 훌륭한 수송수단이 된다. 운하를 이용하는 수송비용은 육로
수송의 10분의 1밖에 들지 않았다고 한다. 초원에서 태어나 초원
에서 자란 쿠빌라이가 운하를 생각했다는 것은 참으로 놀라운 발
상이었다.

양자강 이남으로 가는 내륙길은 경항대운하북경~항주, 바다길은
직고直沽, 지금의 천진天津운하다. 그 어느 쪽이든 반드시 거쳐야 할
관문이 있다. 그곳을 거쳐야 강남으로든, 바다로든 갈 수 있다. 반
대로 강남에서, 바다에서 대도로 가려해도 그 관문을 거쳐야 한다.
통주通州였다. 통주는 적수담으로부터 동쪽 50km 지점에 있다. 대
도는 세계로, 세계는 대도로. 그러자면 대도의 내항 적수담과 통주

를 연결하는 게 필수였다.

그런데 그게 말처럼 간단한 공사가 아니었다. 운하는 인공적으로 만든 강이다. 물이 완만하게 흐르도록 해 사실상 물을 가두는 것이다. 완만하게 흐르지 않으면 배의 양방향 통행이 어렵다. 높이가 같은 강이나 호수는 그냥 연결만 하면 끝난다. 그러나 연결해야 하는 두 지점의 높낮이에 차이가 난다면 예삿일이 아니다. 그게 문제였다. 적수담에서 통주까지 가장 높은 곳과, 가장 낮은 곳이 37m나 차이가 났다. 물을 끌어들이는 것도 간단치 않은 문제였다. 당시의 기술 수준으로는 난공사 중의 난공사였다.

대도 건설 책임자 유병충이 쿠빌라이에게 적임자를 추천한다.

곽수경郭守敬. 중국이 낳은 천재 수학자이자, 천체학자이자, 물리학자였다. 그는 동쪽의 고려, 남서쪽의 운남, 남쪽의 주애朱崖, 북쪽의 철륵의 땅에 27개의 천문관측소를 설치해 수시력授時曆이란 달력을 완성1280년한 사람이다. 1년의 길이가 365.2425일임을 증명한, 중국 역사상 가장 정교한 달력이었다. 이 달력은 1291년 충렬왕 때 고려에 들어왔다.

본론으로 돌아가자. 운하 설계와 건설의 임무를 띤 곽수경은 적수담과 통주의 높이 차이를 갑문식閘門式 도크를 이용해 해결한다. 강의 곳곳에 칸막이를 설치해 강물의 높낮이를 조절하는 방식이다. 중국 역사상 처음이다.

적수담과 통주 사이에 10개의 갑문이 설치됐다. 그리고 갑문마다 크게 반원형을 그리면서 우회하는 좁은 수로를 부설해 배가 자유롭게 오갈 수 있게 했다.

갑문마다 운하의 관리·유지와 하선河船, 예항曳航을 위해 2,000명 이상의 인원을 배치했다. 또 운하 옆에는 수많은 말과 수레를 준비시켜 놓았다. 엔진이 크게 발달하지 못했던 때라 배가 힘에 부치면 배를 밧줄로 묶고 말이 끌도록 했다. 불편해 보여도 당시의 기술력으로는 배만으로 이동하는 것보다 훨씬 더 경제적이었다. 배가 스스로의 동력으로 이동하려면 엔진 때문에 배가 커져야 하고 큰 배를 운항하려면 그만큼 운하를 훨씬 깊게 파야 한다.

1292년 적수담과 통주를 잇는 운하가 완성되자 쿠빌라이는 운하 이름을 '통혜하通惠河'로 명명했다. '은혜가 통하는 강'이란 뜻이다. 운하 건설을 향한 쿠빌라이의 집념이 얼마나 절절했는지 알 만하다.

경항대운하, 수에즈운하보다 10배나 긴 물류 네트워크

통혜하 공사가 마무리되자 쿠빌라이는 중국대륙을 남북으로 가로지르는 '경항대운하' 건설에 착수한다. 대도와 항주를 잇는 대운하다. 황하와 양자강 주변으로 짧게 연결된 운하는 있었지만, 대륙을 가로지르는 대공사는 처음이었다.

항주는 과거 남송의 수도로 당시엔 임안으로 불렸던 양자강 남쪽의 중심지이다. 그 항주까지 이어진 대운하의 길이가 무려 1,789킬로미터였다. 파나마운하가 82킬로미터, 수에즈운하는 162킬로미터이다.

이 거대한 토목공사를 쿠빌라이는 짧은 기간에 의욕적으로 완성한다. 그만큼 절실했던 것이다. 대륙과 초원쪽 사정만 놓고 보자. 쿠빌라이는 양자강 이남의 물자를 북쪽으로 가져와야 했다. 북중국도 북중국이지만 무엇보다 몽골초원에 공급하기 위해서였다.

초원으로의 물자 공급은 체제 유지 차원에서도 절대적으로 필요한 일이었다.

쿠빌라이가 경항대운하를 필요로 한데는 또 다른 배경이 있었다. 이른바 '운하의 정치학'이다. 쿠빌라이는 중국 황제가 됐지만 어쨌든 이민족이다. 그것도 중국인들과 원수처럼 대립해온 북방 몽골 유목민이다. 쿠빌라이로서는 당연히 수천 년 뿌리 내려온 중화 시스템을 뜯어 고쳐야 했다. 대원제국 전의 중화 시스템의 중심은 장안이었다. 장안은 중국의 천년수도다. 수나라 당나라 시절부터 중국인들이 건설한 운하는 장안을 향하고 있었다. 장안과 황하, 장안과 양자강을 잇는 활모양의 운하였다.

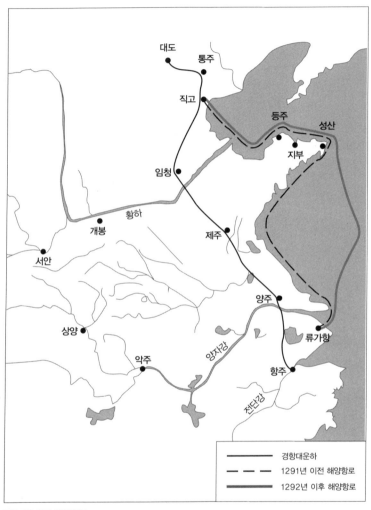

———————	경항대운하
− − − − −	1291년 이전 해양항로
━━━━━	1292년 이후 해양항로

경항대운하와 해양항로

쿠빌라이는 그 장안 시스템을 뜯어고쳐야 했다. 그것은 경제문제를 뛰어넘어 구질서를 무너뜨리고 정치지도를 새로 그리는 국토 디자인이었다. 경항대운하 건설을 기점으로 장안을 향해 활처럼 휘어있던 운하 모양은 남북으로 곧장 뻗은 화살 모양의 운하로 바뀌게 된다.

양자강 이남의 풍부한 물자는 빨대에 물이 빨려 올라오듯 운하를 타고 대도로, 몽골초원으로 운송됐다. 대운하 건설은 중국대륙의 지도를 바꾼 사건이라 할 만하다.

직고운하, 내륙과 바다를 잇는 물류 네트워크

쿠빌라이의 마지막 꿈은 바다였다. 초원과 대륙에 바다를 보태면 세계는 하나가 된다. 해상물류제국을 향한 그의 꿈은 집요하고 원대했다.

운하는 초원과 대륙의 나라가 바다로 나가기 위한 목줄이었다. 운하가 있어야 바다로 오가는 길이 열린다. 대원제국엔 어마어마하게 넓은 중국대륙에 초원까지 있으니 운하는 필수적이었다. 그 운하의 바다쪽 종착역, 바다에서 내륙으로 가는 운하의 입구는 어디였을까. 천진이었다.

대원제국은 통혜하와 천진을 있는 운하를 건설했다. 직고直沽운하다. '짐'이란 뜻의 직고는 오늘의 천진 지역이다. 작은 섬마을이던 직고는 바다 운하의 기착점이 되면서 눈부신 발전을 이룬다. 오늘날 1천만 명의 인구가 거주하고, 중국 최대의 소금 산지가 된 것도 쿠빌라이 덕택이었다.

직고운하가 처음부터 외국을 향했던 것은 아니다. 처음엔 바다를 통해 강남의 물자를 운송하는 루트로 구상됐다가 나중에 국제항으로 발전한 것이다.

강남 물자의 대도 운송이 절실했던 대원제국은 경항대운하가 뚫리기 전, 바다길과 천진을 통한 대도 수송 루트를 우선 만들었다. 1282년 처음으로 60척의 선박이 강남의 미곡 4만 6천 석을 싣고 직고를 통해 대도로 들어왔다. 이듬해인 1283년부터 1329년까지 47년 동안 직고를 거쳐 대도로 운송된 미곡이 8,096만석이었다고 기록은 전한다.

양자강쪽에서 올라오는 선박뿐 아니라 외국의 물자를 실어오는 국제 선박들도 천진을 이용하면서 천진은 비약적인 발전을 이루게 된다.

1만 5천 척의 배가 정박중인 항구도시 천주

지도가 바뀐 중국대륙, 대원제국을 외국인들은 어떻게 보았을까?

유대인 학자이자 상인이었던 야콥 단코나. 그는 1270년 지중해 북부 아드리아해의 항구도시 안코나를 출발해 뱃길로 중국 남부 천주泉洲에 도착한다. 지금의 대만과 마주한 중국 복건성의 항구도시다. 야콥 단코나는 천주에서 6개월 동안 생활한 뒤 고국으로 돌아가 여행기를 남긴다. 대원제국 시절, 국제 무역항으로 번성한 천주에 대한 기록,《빛의 도시》이다.

천주는 유럽에 소개되면서 '자이툰'이란 이름을 얻는다. 자이툰은 아랍어로 월계수라는 뜻이다. 천주에는 당시 월계수 나무가 많았는데 단코나가 월계수가 많은 도시자동刺桐라고 해서 천주를 자이툰으로 불렀다. 자동의 음역이 자이툰이다.

> 대규모 무역항인 자이툰은 빛의 도시이다. 밤이면 거리마다 대단히 많은 기름 등불을 켜고 횃불을 밝혀서 아주 먼 거리에서도 보일 정도로 도시가 밝게 빛나기 때문에 붙여진 별명이다.

야콥 단코나는 바다도시라 불리던 유럽의 베네치아와는 비교가
안되는 천주의 모습에 충격을 받았던 것 같다.

우리가 도착하던 날 항구에는 아라비아, 인도, 자바 등과
다른 프랑크 지역 왕국들은 물론 타타르 같은 북방의 먼 나
라들로부터 온 선박들을 포함해서 최소한 1만 5천 척이 항
구를 메우고 있었다. 나는 이곳에서 정말로 많은 배를 보았
다. 한 항구에서 범선과 소형 배들을 이보다 많이 본 적이 없
다. 베네치아보다 더 많았다. 그뿐 아니라 상상을 초월하는
크기인 선박들 가운데 어떤 것은 돛대가 6개에 갑판이 4개에
다 큰 돛만 12개로 한번에 1,000명 이상을 태울 수 있다.

자이툰의 인구는 수가 너무 많아서 정확한 규모를 파악할
수 없을 정도이다. 도시에는 30가지나 되는 인종이 뒤섞여
살고 있는 것으로 알려져 있다. 도시 안에서는 수백 가지의
서로 다른 언어가 사용된다. 사라센인들은 아랍어를 쓰고 프
랑크인들은 프랑크어를 사용한다. 다른 민족들도 각자 자기
말을 쓰기 때문에 이 도시는 바벨탑과도 같다. 그러므로 자이
툰의 거리를 돌아다녀보면 한 곳이 아니라 전 세계를 돌아다
니는 듯한 기분을 느낀다.

인구 30만 명이 넘는 도시, 세계인이 모이는 국제 시장, 1만 5천

척의 배가 정박한 거대 항구를 본 야콥 단코나는 자신의 여행기 곳곳에 놀라움을 전하고 있다. 단코나의 여행기는 제5장에서 다시 소개한다.

운하와 항구를 통한 물의 고속도로는 대원제국에 피를 돌게 했다. 이것이 모두 '새로운 유목민' 쿠빌라이의 작품이었다.

초원 대신 중국이라는 농경과 바다를, 정복과 약탈 대신 통치와 경영을, 말 대신 배를, 육항 대신 운하를 택했으며, 느림의 진짜 위력을 알았던 쿠빌라이야말로 세상을 살다간 몽골 유목민들 중 가장 특이하고 흥미로운 인물이다. 그를 빼고 몽골 유목민들을 이해한다는 것은 불가능하다.

자, 그렇다면 그는 도대체 어떤 환경에서 자랐으며, 어떤 이유에서 새로운 세계 창조의 길을 가게 됐을까? 그리고 그의 성공비결이 이 시대에 던지는 메시지는 무엇일까?

해답은 그의 어린 시절에 있다.

2장

꿈을 잃어버린 신바람의 땅

벼랑 끝에 선 칸의 손자

창업자 칭기스칸 떠나다

죽음에 맞설 인간은 없다. 영웅이라고 다를 리 없다. 유라시아
대륙을 호령하며 인류사의 물줄기를 바꾸어놓은 칭기스칸도 결국
은 세상을 떠났다. 1226년 칭기스칸은 18만 대군을 이끌고 중국
북서부의 서하 원정에 나섰다. 손아귀에 들어올 듯하면서도 교묘
하게 빠져나가는 서하를 응징하기 위해서였다. 중국 서북부에 자
리 잡은 서하는 정말 만만치 않은 나라였다. 그 원정길에 군사훈련
을 겸한 야생마 사냥대회가 열렸다. 얼룩말을 타고 야생마를 잡던
칭기스칸은 말에서 떨어져 심한 내상을 입었다. 그는 후유증에 시
달리다 1년 후인 1227년 8월 18일 숨졌다. 몽골인들에겐 돼지해

가을 중간달의 15일이었다. 그의 나이 만 65세 때였다.

칭기스칸 사후 몽골제국은 권력투쟁에 휘말린다. 잠복해있던 아들들의 후계자 경쟁이 노골화된 것이다. 자칫하면 유혈극이라도 벌어질 판이고, 제국의 분열로 치달을 수도 있다.

칭기스칸은 버르테 카툰과의 사이에 네 아들을 두었다. 몽골인들은 칸의 정부인을 카툰이라고 부른다. 장남 조치, 차남 차가타이, 삼남 어거데이, 막내 톨루이. 그들은 칭기스칸 생전에 각기 맡은 역할이 있었다. 조치는 사냥과 훈련, 차가타이는 제국의 헌법인 〈자사크〉 집행, 어거데이는 대외관계와 제국행정, 톨루이는 군대 지휘를 맡았다.

큰아들 조치는 칭기스칸보다 먼저 죽었다. 조치의 후계자가 된 바투와 나머지 세 아들은 칭기스칸이 떠나자 제국의 영토를 나누어 가졌다. 바투는 킵차크초원과 러시아공국, 차가타이는 투르키스탄 서부지역, 어거데이는 중가리아와 알타이 남부지역, 톨루이는 몽골의 막내 존중 전통에 따라 아버지의 영토를 차지했다. 그러나 제국의 통치권은 대칸 한사람에게 집중되게 돼 있다.

세상의 절반을 통치하는 제국, 요즘으로 치면 미국 대통령과 중국 공산당 서기장을 합친 것 이상의 막강한 권력을 휘두르는 대칸이다.

자, 네 명 중 누가 그 대칸의 자리에 올라야 할까. 누가 오르게 될까.

자질만 놓고 보면 누구라도 될 수 있었다. 게다가 세상만사가 언제나 능력이라는 애매하고 추상적이기 짝이 없는 잣대만으로 결정되는 것도 아니지 않은가.

차기 칸, 아버지냐 큰아버지냐

당시 몽골제국의 후계구도 경쟁을 읽는 관전법은 두 가지다.

하나는 칭기스칸의 유언이다. 칭기스칸은 사망하기 오래전 셋째 어거데이를 후계자로 지명했다. 칭기스칸은 왜 장남, 차남도 아닌 삼남을 후계자로 지명했을까. 그 배경엔 칭기스칸 가족들의 슬픈 과거사가 깃들어있다. 조치는 칭기스칸의 정부인 버르테에겐 장남이지만 칭기스칸의 피가 아니다. 조치는 어머니 버르테가 적에게 납치됐을 때 메르키트 부족장에게 강간당해 낳은 적장의 아들이다. 그래서 이름도 '나그네'를 뜻하는 조치로 지어졌다. 칭기스칸이 장남으로 받아들이긴 했지만, 후계자가 되는 것은 애당초 무리였다. 특히 차남인 차가타이의 반발이 거셌다. "더러운 핏줄이 감히 칸을 넘보다니…." 그는 아버지 면전에서 조치와 치고받는 싸움을 벌일만큼 반감이 컸다.

그 차가타이도 후계자와는 거리가 멀었다. '교만하고 호전적'인 성격 탓에 칸의 자리에 어울리지 않았다. 자신의 한계를 잘 아는 차가타이는 동생 어거데이를 적극 추천했다. 막내 톨루이는 형들의 싸움에 끼어들 형편이 못됐다. 어거데이는 이성적이기보다 감성적이며 지적 호기심이 컸다. 다소 게을렀지만 유머러스하고 부드러우며 사람들 속내를 잘 읽었다. 남의 말을 듣는 편이었고 필요할 땐 굽힐 줄도 알았다. 그런 그를 좋아하는 사람이 많았다. 칭기스칸도 어거데이가 거대해질대로 거대해진 몽골제국을 이끌 적임자라고 판단했다. 칭기스칸에게 다른 선택의 길은 없었다.

그렇다면 칭기스칸의 유언장을 움켜쥔 어거데이가 즉각 칸에 올라야 했다. 그것도 아들들로부터 동의까지 받은 유언장이다. 그런데 유언장이 효력을 발휘하려면 무력이 뒷받침돼야 한다. 당시 무력은 어거데이가 아니라 톨루이 수중에 있었다.

여기서 유목민들의 전통적인 후계자 선정 방식이 또 하나의 관전법을 제공한다.

유목민들은 칸이 유고일 때 무력으로 후계자를 결정해왔다. '피의 계승전'답게 힘이 없으면 지도자가 될 수 없는 게 유목사회다. 다행스럽게도 당시 몽골제국엔 코릴타라는 최고의 의사결정 회의가 있었다. 일종의 국회였다. 몽골인들은 이 코릴타에서 만장일치 형식으로 칸을 추대했다. 그러나 끝까지 결론이 나지 않으면 결국은 무력으로 결판지었다. 결정적 순간엔 무력만이 가장 강력한 권력기반이다.

당시의 판도를 보자. 몽골제국의 조직은 10진법으로 짜여져 있었다. 십호 백호 천호 만호를 단위로 구성된 사회였다. 그 구성 단위는 군사 외에 정치 행정 경제 문화 기능과 역할까지 지녔다. 전쟁이 일상화된 사회였기 때문이었다.

그중 핵심은 천호제였다. 칭기스칸에겐 129개의 천호부대가 있었다. 그중 101개를 아버지의 땅을 물려받은 톨루이가 차지했고, 나머지 28개가 칭기스칸의 동생들과 아들들에게 돌아갔다. 조치 어거데이 차가타이는 각각 4개씩 차지했을 뿐이었다. 101 대 4, 톨루이의 압도적 우세였다.

상식적으로 생각하면 톨루이는 막내라는 핸디캡을 지니고 있었다. 그런 그가 어떻게 형들을 제치고 제국의 무력 대부분을 장악할 수 있었을까.

몽골 유목민 특유의 상속제도를 아는게 열쇠이다. 유목민들은 막내를 우대하는 말자 막내상속제末子相續制 전통을 지켜왔다. 농경 문화권의 적장자상속제嫡長子相續制와는 영 다른 전통이다. 몽골어로 막내를 옷치긴이라고 한다. 화로를 지키는 사람이라는 뜻이다. 불을 소중히 여기는 몽골인들에게 화롯불은 집안의 보물이었다.

막내 우대 전통에 따라 톨루이는 칭기스칸 사후 새로운 칸이 선출될 때까지 임시 국정운영도 맡았다. 몽골인들은 그 자리를 감국監國이라고 부른다. 요즘으로 치면 칸 권한대행 혹은 칸 직무대행인 셈이다. 감국의 지위에, 무력까지 쥔 톨루이가 야심을 키우는 것은 당연했다.

유언장을 쥐었지만 무력에서 열세인 어거데이와 유언장은 없지만 힘의 우위에 선 톨루이. 칸을 선출하기 위한 코릴타 소집은 연기되고 또 연기됐다. 일촉즉발의 대치국면이었다.

상황을 끝낸 것은 절대적인 카리스마 칭기스칸의 유언이었다. 톨루이로서도 아버지의 유언을 무시하기엔 역부족이었다. 더는 코릴타를 늦출 명분이 없었다. 칭기스칸이 사망한 지 2년이 지난 1229년 8월, 코릴타가 소집됐다. 칭기스칸 가문 일족을 비롯한 제국의 실력자 전원이 참석했다. 톨루이가 손들자 어거데이는 곧장 칸으로 확정됐다.

《집사集史》는 어거데이의 칸 즉위장면을 생생하게 기록했다. 《집사》는 톨루이의 삼남 훌레구가 창업한 일칸국의 역사가 라시드 앗딘이 기록한 몽골제국의 정통 역사서이다.

차가타이는 어거데이칸의 오른팔을 잡고, 톨루이는 그의 왼팔을, 숙부 웃치긴은 그의 혁대를 잡고 그를 칸의 보좌에 앉혔다. 톨루이는 술잔을 받쳐 들었다. 천막의 안과 밖에 있던 모든 참석자들은 아홉 차례 무릎을 꿇고, '그의 칸위로 말미암아 왕국에 축복이 있으라!'고 말했다.

승자가 있으면 패자도 있다. 어거데이는 승리했고 톨루이는 패배했다. 패자 톨루이의 아들인 쿠빌라이에게 드리운 먹구름의 전조였다. 칸의 손자였던 쿠빌라이는 불과 열다섯 살의 나이에 견제와 감시를 받는 신세가 된 것이다.

의문사한 아버지

칸에 올랐지만 어거데이에겐 여전히 망령과도 같은 아킬레스건이 남아 있었다. 동생 톨루이였다. 여진이 계속되고 있는 톨루이와의 갈등을 종식시키고 자신의 권력기반을 단단히 다져놓으려면 새로운 돌파구가 절실했다. 금나라 정복은 그런 어거데이에게 최상의 카드였다.

당시 금나라는 칭기스칸에 의해 중도中都, 현재의 북경에서 황하 남쪽의 개봉開封, 현재의 남경南京으로 밀려난 상태였다. 금은 송나라를 양자강 남쪽으로 몰아내고 중도를 수도로 정했는데, 칭기스칸에게 수도를 함락당하자 남쪽으로 달아난 것이다.

어거데이칸이 건설한 카라코롬 궁성 내부. 우유와 말젖술이 흐르는 신비한 나무

금을 정복하려면 동생 톨루이의 지원이 필수적이었다. 어거데이는 자신이 형식적 강자임을 알고 있었다. 그는 지원과 협력이라는 명분을 내세워 실질적 강자인 톨루이를 전쟁에 참여시킨다. 어거데이칸의 지휘를 받게 된 톨루이는 선봉에 나선다.

1232년 1월, 금의 수도인 개봉 남쪽 평원에서 금의 주력군과 톨루이의 몽골군이 대치했다. 모친 한파가 몰아치고 있었다. 완안합달完顔合達이 지휘하는 금나라 군대는 15만, 몽골군은 1만 5천 명. 그러나 천하무적의 몽골 기동부대는 추위에도 아랑곳하지 않았다. 그들은 말과 함께 참호 속에 매복해 있다가 금나라 군대를 급습했다. 허를 찔린 금나라 군대는 전멸했고, 수도 개봉은 함락됐다.

　그 직후 몽골제국의 역사를 뒤바꾸는 사건이 일어난다. 형 어거데이와 함께 승전고를 울리며 귀환하던 도중 톨루이가 갑자기 사망한 것이다. 몽골의 기록은 사망원인을 알콜중독이라고 말한다. 사실일까. 《몽골비사 秘史》에는 이런 이야기가 들어있다. 《몽골비사》는 몽골인들 손으로 완성된 거의 유일한 몽골의 고대 역사서이다. 원명은 《몽골의 숨겨진 역사》이며, 《원조 元朝 비사》《비사》라고도 한다.

　　금나라와의 전쟁에서 돌아오는 도중에 어거데이칸이 갑작스레 지독한 병에 걸려서 말도 못하게 되었다. 샤먼들은 "금나라의 신神이 자기 재산이 사라지고, 땅이 파괴되어 어거데이칸을 저주했으니 금나라 신에게 물건과 가축을 드리고 달래야 한다"고 말했다. 여러 가지 귀중한 물건과 소 가축을 바치면서 제사를 올렸지만 병은 나아지지 않았다. 샤먼들은 다시 "어거데이칸의 친족 중에서 누군가를 희생시키지 않으면 병이 나아질 방법이 없다"고 했다.
　　잠깐 정신이 돌아온 어거데이칸이 물었다.
　　"내 곁에 누가 있는가?"
　　옆에 있던 톨루이가 말했다.
　　"제가 있습니다. 제가 항상 형 곁에 있고, 형이 잊은 것을 생각나게 해주고, 형이 잠들어 있을 때 깨워주는 것이 저의 의무이지 않습니까. 형이 하늘나라로 가버리시면 몽골은 고아가 되고 금나라는 좋아서 펄펄 뛸 것입니다. 형 대신에 제가 가겠습니다. 저를 희생시켜 주십시오"

그리고 톨루이는 말했다.

"샤먼들이여! 기도하고 제막식을 준비하도록 하라."

그는 샤먼들이 준비한 사약을 마시고 나서 말을 이었다.

"형! 나는 취했어요. 아버지 없는 어린 조카들과 남편 없는 계수를 잘 돌봐주기를, 형이 알아서 하리라 믿소"

톨루이는 급히 밖으로 나가 죽음을 맞았다.

형과 후계구도 갈등을 빚었던 동생이 정복전쟁에서 승리하고 형과 함께 귀환하는 도중에 알콜중독으로 사망했다니…. 그것도 금나라 공격의 최선봉에 섰던 사람이 알콜중독이라니…. 역사가 승자의 기록이라지만《몽골비사》의 기록은 몽골인들 스스로도 알콜중독설을 믿지 않았다는 반증이라고 보는게 옳다.

그럼 톨루이의 아내 소르칵타니 베키는 어떻게 보았을까.

《집사》는 그녀의 말을 이렇게 전한다.

"나의 벗이자 소망이던 그 사람톨루이은 어거데이칸의 목숨을 대신해서 떠났고, 스스로를 희생물로 바쳤다."

《집사》역시 톨루이가 석연치 않게 사망했음을 암시하고 있다.

칭기스칸의 아버지 예수게이의 죽음처럼, 독살은 몽골 역사에 자주 등장하는 정적을 죽이는 방법 중 하나였다. 그러나 여기서 톨루이의 사망 원인이 독살이냐 아니냐를 따지는 것은 더 이상 의미가 없다. 우리들의 관심사는 남겨진 사람들의 운명이다. 남은 가족들에게 톨루이의 죽음은 날벼락이었다. 열일곱 살 소년 쿠빌라이도 그 후 10년 넘게 생지옥을 헤매게 된다.

어쨌거나 후계자를 놓고 겨뤘던 동생의 사망은 어거데이 권력을 반석 위로 올려 놓는다. 반대로 톨루이 가문은 나날이 벼랑 끝으로 내몰렸다. 맨 먼저 닥친 위기는 무장해제였다. 아버지 칭기스칸으로부터 129개의 천호부대 중 101개나 물려받았던 톨루이는 생전에 어거데이에게 그 군대를 내놓아야 했다. 어거데이는 여기서 그치지 않았다. 그는 톨루이가 사망하자 톨루이 가문에 속해있던 수니트부部 1,000호와 술두스부部 2,000호를 비롯해 동생의 재산과 군대를 빼앗아 자신의 둘째 아들에게 주었다. 형제간 권력투쟁의 이 같은 비극적 결말은 제국의 앞날에 태풍을 몰고 온다.

선택과 집중을 택한 어머니

어머니. 인간이 신과 유일하게 맞설 수 있는 무기가 있다면 그것은 어머니의 사랑일 것이다. 아이들은 아버지 없인 살 수 있어도 어머니 없인 살 수 없다. 아버지를 잃은 톨루이의 아들들에게 청천 벽력 같은 명령이 전해졌다.

"홀몸으로 네 아이들을 키우며 살기 힘들테니 내 아들 구육과 재혼하는 게 어떤가."

어거데이칸은 톨루이의 미망인 소르칵타니에게 재혼을 권유했다. 말이 권유지 추상 같은 칸의 명령이었다.

수계혼受繼婚 혹은 연혼제連婚制. 아버지가 죽으면 아버지의 첩을 아들이 데리고 사는 초원의 전통이다. 첩이 다른 사람에게 시집가면 집안의 재산을 잃게 된다. 우선 수계혼은 그걸 막기 위해 생겨났다. 아버지 여인의 생명과 생계도 생각했을 것이다. 여자 입장에서 보면 사냥 전투 약탈을 일삼는 약육강식의 유목 사회에서 남자 없이 살아갈 수 없는 현실을 상징한다.

어거데이는 그 전통을 내세워 동생의 아내를 재혼시키려 했다. 재혼의 대상이 자신의 아들이었으니, 그 이면에는 톨루이 가문을 한층 더 무력화시키려는 노림수도 깔려 있었다. 어거데이칸이 재혼 상대로 지명한 구육은 나중에 아버지 뒤를 이어 몽골제국의 제3대 칸이 된다. 이런 상황에서 칸의 명령을 거부하는 것은 국가 반역행위나 다름없다. 한낱 과부의 제2의 삶 따위를 훨씬 뛰어넘는 문제다. 그럼에도 그녀는 완강하게 거부했다.

"저의 남은 인생은 애비 없는 자식들을 기르고 가르치는데 바칠 생각입니다. 허락해 주십시오".

간신히 재혼의 위기를 벗어난 소르칵타니 베키는 이를 악물고 치마끈을 질끈 동여맸다. 이제 그녀는 예전의 부족장 조카딸, 칭기스칸의 막내 며느리가 아니었다.

소르칵타니는 칭기스칸에 의해 멸망당한 부족장 동생의 딸이었다. 칭기스칸과 마지막까지 고원의 패권을 놓고 싸웠던 케레이트 부족의 부족장 옹칸이 그녀의 큰아버지이다. 전쟁에서 패하자 칭기스칸 가문에 전리품으로 넘겨진 그녀는 칭기스칸의 막내 며느리 돼 네 아들을 낳는다. 멍케, 쿠빌라이, 훌레구, 아리크 부케 형제다. 그들은 훗날 모두 칸에 오르게 된다.

> 뭇사람들에게는 생활의 모범
> 남자들 사이에서는 갈등의 해결사
> 학문의 세계에서는 빛나는 여왕
> 가는 길에는 흔들림 없는 바위이어라

여성을 칭송하는 몽골의 시이다. 여기에 "자식들에게는 미래의 등불"이라는 한 구절을 더한다면 소르칵타니에 대한 설명으로 너무나 적절하다. 소르칵타니는 시대와 상황을 정확하게 읽는 통찰

력이 있었다. 기독교 일파인 네스트리우스교를 믿었으면서도 다른 종교에 관대했고, 이슬람 땅에 '황후의 학교'를 만들어 피정복민들의 아픔을 달래주기도 했다.

그런 여자가, 남편의 죽음과 칸의 견제로 한낱 과부의 신세, 조카와 재혼해야 하는 신세로 굴러 떨어진 것이다. 그녀는 당장 살아남는게 급했다.

선택과 집중. 그녀의 외길은 매사 우선순위를 정하는 것이었다. 아들들을 보살피는 것도 마찬가지였다. 그녀에겐 가문의 상징인 장남과, 마지막까지 자신과 함께 할 막내가 더 아픈 손가락이었을 것이다. 정치적 기둥도 경제적 기둥도 아닌 둘째 아들 쿠빌라이는 아웃사이더로 밀려날 수밖에 없었다.

어머니 대신 젖을 물린 유모

쿠빌라이는 유모에게 맡겨졌다. 톨루이의 첩 사룩이었다. 칭기스칸에게 멸망당한 부족 출신으로, 역시 전리품으로 넘겨진 여자였다.

이 상황을 쿠빌라이 눈으로 보자. 친자식이지만 젖을 물리지 않고 유모에게 맡긴 어머니, 그래도 몽골제국에서 권력을 행사하는 어머니, 형과 막내는 늘 끼고 살면서 자신에겐 이따금 등만 두드리는 어머니. 그런 어머니를 어머니라고 부르며 자란 쿠빌라이의 내면세계는 무엇으로 채워졌을까. 고독 사색 분노 증오 이중성 자신만의 꿈…. 쿠빌라이의 어린 시절은 정서불안 상태였을지 모른다. 영문을 정확하게 모르는, 아니면 너무 힘들게 하루하루를 살아가는 어머니는 자주 그리고 느닷없이 화를 내는 쿠빌라이를 보고 그저 불같은 성격쯤으로 여겼을 것이다. 그게 안타까웠을까. 그녀는 늘 타일렀다.

"급한 성격으로는 아무 일도 할 수 없다."

그러나 쿠빌라이가 진심으로 원했던 것은 그런 게 아니었을 것이다. 고독과 소외감으로 멍든 그에겐 어머니의 한없는 사랑, 헌신적인 사랑이 절실했다.

유모 사룩은 그녀대로 칭기스칸 가문의 핏줄 중 자신을 어머니로 여기고 따를 아들이 절실했다.

"내 뱃속에서 나오지 않은 아이를 내 아들로 만들려면 무한한 사랑과 애정밖에 묘책이 없다."

그녀는 집요하고 극진했다. 사룩은 쿠빌라이가 태어난 지 두 달후에 아들 무게를 낳았다. 그녀는 무게를 다른 사람에게 맡기고 쿠빌라이에게 젖을 물렸다. 무게와 쿠빌라이는 한 뱃속에서 나온 형제보다 더 가까운 동지가 됐다. 사룩은 두 아들을 갖게 된 것이다.

남송 원정길에서 멍케칸—몽골제국의 4대 칸이자 쿠빌라이의 형—이 갑자기 사망했을 때다. 무게는 그 사실을 쿠빌라이에게 전해준다. 이 특급 중의 특급 정보는 쿠빌라이에게 결정적인 기회를 제공했고, 더 나아가 몽골제국의 운명을 바꿔놓는다. 친자식을 남에게 맡기고 친어머니보다 더 정성껏 키워준 유모. 훗날 쿠빌라이도 그녀를 친어머니 이상으로 극진히 모셔 보답했다.

냉정한 친어머니, 헌신적인 유모. 두 어머니는 쿠빌라이에게 세상을 보는 두 눈을 달아 주었다.

"내가 죄를 지은 사람에 대해 사형 명령을 내리면 반드시 다시 한번 물어보라. 그러면 다시 생각해볼 것이다. 그러고도 사형을 명하면 그때 집행하라."

두 어머니의 가르침과 사랑은 훗날 쿠빌라이의 통치 교범이 됐다.

피의 숙청시대

과거의 덫

칭기스칸 사후 벌어진 후계구도 갈등은 어거데이칸, 구육칸, 멍케칸으로 이어지면서 점점 격렬하고 무자비해진다. 신바람을 안고 피눈물을 훔쳐가며 세계로 세계로 뻗어 나갔던 유목 정신은 날로 퇴색해져 갔다. 바깥세상을 보지 못하고 안에서 서로가 서로에게 활과 칼을 겨누던 수십 년전의 시절로 되돌아가고 있었다.

창업자 칭기스칸의 성공 밑거름은 수십 년 계속된 5개 부족 60개 씨족간 내전을 종식시킨데 있었다. 그 내전의 악몽이 다시 현실로 되살아난 것이다. 달라진 게 있다면 5개 부족 60개 씨족간 싸움이, 두 패로 갈려서 싸우는 양상으로 바뀌었을 뿐이다.

권력투쟁은 칭기스칸의 후계자 선정과정에서부터 시작됐다. 제 2대 칸에 오른 삼남 어거데이 가문과 그를 지지한 차남 차가타이 가문이 한편이고, 경쟁에서 제거되거나 탈락된 장남 조치 가문과 막내 톨루이 가문이 다른 한편이었다. 그들은 죽느냐 사느냐의 파워게임으로 내달렸다. 그 결과 목숨을 연명하는데 급급하던 톨루이 가문이 천신만고 끝에 제국 통치권을 차지했다.

그러나 그건 가문의 부활일 뿐, 제국은 추락하고 있었다. 승자나 패자나 과거의 망령을 떨쳐내지 못했다. 그들은 미래가 아니라 오직 '과거의 원한' '과거의 은혜'를 놓고 싸웠다. 그러다보니 원칙도 명분도 없는 권모술수와 합종연횡이 난무하는 형국이 됐다.

신바람의 땅이 어둠의 땅, 암흑의 천지로 변해가는 징후는 곳곳에서 감지됐다. 칭기스칸이 불러 일으켰던, 신바람과 피눈물로 함께 뭉치고 다졌던 꿈은 이제 권력투쟁과 파워게임에 몰두하는 사람들만의 이야기가 됐다. 칸을 노리는 신바람, 칸을 빼앗긴 피눈물…. 주역들은 칭기스칸의 후손들이었다. 그들은 이제 할아버지를 중심으로 철통 같이 뭉쳤던 어제의 형제가 아니라 오늘의 적이돼 버렸다. 그들은 출구를 찾지 못하고 초원에 갇힌 신세가 됐다.

가문간의 파워게임이 현실로 폭발하는 사건은 1237년 일어났다.
그 1년 전, 어거데이칸은 유럽원정을 선언했다. 원정에는 칭기스칸 가문의 3세대들 전원이 참가했다. 조치의 아들 바투, 차가타이의 손자 부리, 어거데이의 아들 구육, 톨루이의 아들 멍케….

파죽지세로 킵차크 초원을 정복하던 몽골 기마군은 해가 바뀌어 봄이 오자 땅이 진흙탕이 되는 바람에 발이 묶였다. 그들은 돈강 유역에 머물며 휴식을 취했다. 그런데 원정전쟁 중 3세대들은 군대 지휘권을 놓고 양편으로 갈려 사사건건 신경전을 벌였다. 바투와 멍케가 한편, 구육과 부리가 다른 한편이었다. 아버지 세대의 짝짓기가 그대로 재현됐다.

양측의 갈등은 바투가 마련한 연회장에서 표면화됐다. 제국의 칸을 아버지로 둔 구육이 바투의 행동에 노골적으로 반발했다. 나중에 바투는 어거데이칸에게 '연회장 사건'을 고발했다. 《집사》는 전한다.

칸 숙부님의 은덕으로 전투에 승리한 뒤 자축하는 연회를 열었습니다. 제가 최연장자로서 술을 한두 잔 먼저 마셨습니다. 그랬더니 부리와 구육이 저에게 "우리는 동등한 사이인데 어떻게 먼저 마시는 것인가"라고 따진 뒤 자리를 박차고 연회장을 나가버렸습니다. 이제 칸 숙부의 분부를 알게 하소서!

어거데이칸은 구육을 본국으로 소환해야 했다. 남은 원정을 잘 마무리 짓고 제국의 분열을 막기 위한 고육지책이었다. 그러나 사

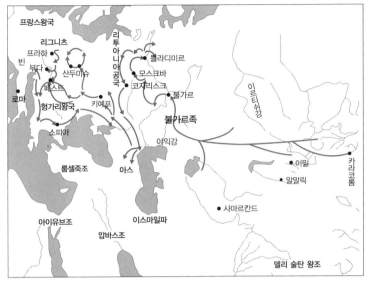

바투의 서정로

촌들간의 앙금의 골은 갈수록 깊어갔다. 바투는 구육의 칸 취임식에 "말이 야위었다"고 평계를 대며 불참했다. 바투의 불참은 구육으로서는 도저히 참을 수 없는 수모였다.

1241년, 어거데이칸이 집권 12년 만에 사망하고 장남 구육이 5년 뒤 제3대 칸에 취임했다. 구육은 어거데이칸이 소르칵타니 베키를 재혼시키려 했던 인물이다. 5년의 지리한 코릴타 끝에 간신히 칸에 오른 구육은 아버지와 너무 달랐다. 아버지는 즐겁게 술을 마셨지만, 구육칸은 마실수록 우울해지는 성격이었다.

1248년 봄, 구육칸은 유럽 원정에 나섰다. 말이 유럽 원정이지 사실은 칸 취임식 때 불참한 바투를 응징하기 위해서였다. 바투는 아버지 조치가 정복한 킵차크지역에 킵차크칸국을 세워 통치하고 있었다. 사촌이 다른 사촌을 공격한다는 것은 할아버지 시절엔 상상조차 어려운 일이었다. 그러나 이제 달라졌다.

"드디어 때가 오고 있다."

억척 같은 주부라기보다는 노련한 정치가였던 소르칵타니 베키. 그녀는 구육칸이 서둘러 바투 진영 쪽으로 가는 데에는 다른 목적이 있음을 직감했다. 그녀는 대야망을 실현할 기회가 오고 있다고 판단했다. 자신의 가문으로 칸의 자리를 빼앗아오려는 야망이다.

그녀는 바투에게 은밀히 전령을 보냈다.

"대비하라! 구육칸이 대군을 이끌고 그쪽 지방으로 가고 있다."

바투는 즉각 전투태세를 갖췄다.

그러나 구육칸은 전쟁 일보 직전 중앙아시아의 쿰셍기르에서 돌연사한다. 건강이 좋지 않은 몸으로 장거리 원정에 나선게 탈이었다. 구육칸이 사망하는 바람에 사촌간의 혈투는 불발됐다.

구육칸의 사망 소식을 접한 바투는 한편으론 다행스러워 하면서도, 다른 한편으론 불안해졌다.

"어거데이 가문과 차가타이 가문 사람이 구육의 뒤를 이어 칸에 오르면 큰일이다. 그렇다고 구육칸의 죽음에 직간접적으로 연관이 있는 내가 칸에 앉으면 찬탈로 비쳐질지 모른다. 멍케를 칸의 자리에 앉히는 수밖에 없다."

칸을 넘볼 수 없는 바투로서는 톨루이의 장남 멍케를 지원하는 것이 가장 확실한 정치보험이었다. 그런 바투에게 반가운 손님이 찾아왔다. 소르칵타니 베키가 아들 멍케를 병문안 보낸 것이다. 당시 바투가 드러누웠다는 소문이 퍼져 있었다. 손을 잡자는 소르칵타니 베키의 정치적 제스처였다. 바투는 매우 흡족해하며 멍케의 손을 마주 잡았다. 두 가문의 동맹은 공식화됐고, 여기에 힘입어 멍케가 칸을 차지하고 톨루이 가문은 부활하는데 성공한다.

바투 가문과 멍케 가문이 합작하게 된 배경에는 실타래처럼 얽힌 혼맥도 한몫했다.

칭기스칸에게 죽임을 당한 케레이트부족의 부족장 옹칸에겐 자카 감보라는 동생이 있었다. 자카 감보의 둘째딸은 조치의 부인이 되어 바투를 낳는다. 소르칵타니 베키는 자카 감보의 셋째딸이다. 그녀는 톨루이의 부인이 되어 멍케 등 4형제를 낳는다. 바투와 멍케는 아버지쪽으로도 사촌이고, 어머니쪽으로도 사촌이다. 친사촌이자 이종사촌이다.

바투는 선언했다.

"멍케는 매우 현명하고 재주가 좋으며 군주감으로 적절하다. 그가 있는데 어찌 다른 사람이 칸이 되겠는가? 특히 어거데이칸의 자식들은 아버지의 말을 거역하고 어거데이가 후계자로 지명한 손자 시레문에게 권력을 주지 않았다. 또 칭기스칸이 가장 사랑했던 막내딸 차우르 세첸—마음을 움직이는 현명한 사람이라는 뜻— 아무 죄도 없는 그 딸을 죽였다. 이런 이유들 때문에 그들에게는 칸의 자리가 갈 수 없다."

여기서 시레문에게 권력을 주지 않았다는 부분은 설명이 필요하다. 어거데이칸은 생전에 여섯 번째 부인 투르게네와의 사이에서 낳은 삼남 쿠추를 후계자로 생각했으나 쿠추는 1236년 남송 정벌 과정에서 사망했다. 그러자 어거데이칸은 쿠추의 장남 시레문을 후계자로 지명했다. 그런데 어거데이칸이 사망하자 투르게네는 차가타이와 막후협상을 벌여 자신의 장남, 그러니까 쿠추의 형 구육을 칸에 앉혔다. 그녀는 시레문을 구육 다음의 칸으로 생각했던 것 같다.

바투는 멍케를 칸으로 선출하기 위한 코릴타를 소집한다. 그런데 이리강伊犁江 남쪽 알라 토구라우라는 장소가 문제였다. 현재의 카자흐스탄 서쪽에 위치한 지역이다. 그때까지 칸을 확정하는 코릴타가 몽골초원 밖에서 열린 적이 없었다. 그럼에도 바투는 코릴타를 강행했다. 바투는 칭기스칸의 아들 세대가 사라진 지금, 손자 세대 중 최연장자였다. 군사력 또한 막강했다.

어거데이 가문과 차가타이 가문 사람들은 강력하게 반발했다.

"옛날에 어거데이칸이 손자 시레문을 후계자로 할 것을 명령했고, 제왕과 백관 모두가 그 명령을 들었다. 시레문이 아직 살아있는데 다른 사람을 후계자로 한다는게 말이 되는가."

멍케측의 바투 가문과 톨루이 가문이 다시 반박했다.

"어거데이칸이 사망하자 시레문 대신 구육을 칸으로 옹립한 것은 너희들이다. 너희들이 명령을 어겨놓고 누구를 헐뜯는가."

어거데이 가문과 차가타이 가문 사람들은 코릴타 도중 떠나버렸다. 그리고는 참석자도 적고 코릴타 장소가 몽골 초원이 아니라는 이유로 멍케칸 승인을 거부했다.

일단 물러선 바투는 2년 후 동몽골에서 코릴타를 다시 열도록 하고 동생 베르케에게 회의 주관을 맡겼다. 그는 유사시에 대비해 3만 병력도 딸려 보냈다. 어거데이와 차가타이 가문 사람들도 초청됐지만 이번에도 오지 않았다. 베르케는 그 자리에서 멍케를 새로운 칸으로 선언했다.

멍케칸과 쿠빌라이 세대 입장에서 보자면 칸위쟁탈전은 멍케의 즉위로 마감됐어야 했다. 칸에 오를 자격이 있었지만 적장의 아들이란 이유로 비껴간 조치 가문, 혹은 의문사당해서 부당하게 기회를 놓쳤다고 억울해 하는 톨루이 가문이 연합해 과거를 정상으로 돌려놓았으니까 명예도 회복된 셈이었다. 그때부터는 몽골초원에 희망과 꿈의 싹이 새록새록 돋아나야 했다. 그런데 그게 아니었다.

피비린내 나는 복수극이 기다리고 있었다.

물고 물리는 권력쟁탈전

"나는 조상들의 법을 따를 것이며 다른 나라의 관습을 모방하지 않을 것이다."

멍케의 의욕에 찬 대칸 취임사이다. 네덜란드 출신으로 루브루크 수도사였던 윌리엄은 취임식에 참석해 멍케를 만난 후 멍케를 '자그마하고, 납작한 코를 가진 남자'라고 묘사했다. 1천년 전 유럽으로 진출한 훈족의 궁전을 찾았던 프리스코스가 그들의 지도자 아틸라칸을 만난 후 "아틸라는 수염이 적었다. 까무잡잡한 얼굴에 키가 작았다. 코는 아주 납작했다"고 표현한 것과 너무도 일치한다.

지금까지도 몽골의 칸들이나 유목제국의 군주들을 단순하고 소박한 유목 군인으로, 전쟁밖에 몰랐다고 예사롭게들 말하고 있다. 그러나 페르시아쪽 기록에 의하면 대칸 멍케는 수개 국어를 자유자재로 구사하고 유크리드기하학을 비롯한 동서고금의 학문에 능통했다고 한다. 발군의 지식인이었던 것이다.

그는 지혜로운 어머니 소르칵타니에게 교육을 받았고, 몽골제국 최고의 재상인 야율초재에게 업무를 처리하는 방식을 배웠기 때문에 문명에 대해 폭넓게 이해하고 있었다. 그는 학자들을 불러 모았고, 수도 카라코룸에 천문대를 세울 계획을 수립하기도 했으며, 제국에서 주로 사용되는 언어사전을 편찬하기도 했다.

뿐만 아니라, 그는 동쪽으로는 금나라 멸망을 결정지은 삼봉산三峰山 전투, 서쪽으로는 바투 서정 때의 킵차크 공략에 참가하는 등 유라시아의 동쪽과 서쪽을 직접 목격한 유목민이기도 했다.

멍케는 성격이 엄격하고 검약했다. 언제나 할아버지 칭기스칸을 그리워했던 그는 초원 유목민 시절의 몽골 기풍을 회복하기 위해 노력했다.

시리아로부터 지나해支那海에 이르기까지, 히말라야 산맥 기슭에서부터 북극의 얼어붙은 툰드라 지대까지, 멍케는 모든 주민들에게 명령을 내렸고 그의 명령은 인간의 운명을 결정지었다. 그 덕택에 "금 항아리를 인 젊은 여자가 멍케칸이 통치하는 지역의 한 끝에서 다른 한 끝까지 아무런 해를 입지 않고 걸어갈 수 있다"는 속담이 생겨나기도 했다.

개인의 능력만으로 보자면 멍케는 누구에게도 뒤지지 않을 걸출한 사람이었다. 아니 걸출 이상의 인물이었다. 그러나 바로 그 평범할 수는 없다는 점이 비극이었다. 그는 너무도 완벽하게 살려고 한 나머지 자신과 타인에 대해 너무 가혹했다.

그래서였을까. 그는 칸에 오르자마자 바투의 지원 아래 정적들을 무자비하게 숙청한다. 아버지 톨루이의 의문사, 어머니에 대한 재혼 강요, 무장해제와 재산몰수 등 '과거지사'에 대한 철저한 보복이자 권력기반을 확실하게 다지기 위해서였다. 숙청대상은 자신의 가문 톨루이 가문과 바투 가문 조치 가문을 소외와 몰락으로 내몬 어거데이와 차가타이 가문이었다. 천호장들을 포함해 수많은 사람들이 처형되거나 처벌받았다. 구육칸의 성부인 오골 카이미시도 처형됐다. 멍케의 4촌 형수다.

루브루크 수도사 윌리엄은 전한다.

"시레문과 동맹을 맺은 자들과 300명의 귀족들이 멍케의 명령에 따라 처형됐다. 멍케가 나에게 말했다. 오골 카이미시가 자신의 어리석음 때문에 전 가족을 죽음으로 몰아넣었다. 그리고 차가타이의 손자 한둘만 남겨두고 이 땅에 차가타이 자손이라고는 코빼기도 볼 수 없도록 하기 위해 이런 방법을 택했다."

이제 44세의 멍케 앞에 나설 자가 없었다. 그럴수록 제국은 또 다른 구렁텅이로 빠져 들어갔다. 톨루이 가문의 형제간 혈투였다. 아버지를 잃은 설움을 딛고 똘똘 뭉쳐 다른 가문과 혈투를 벌였던 멍케를 포함한 네 형제들은 이제 서로를 할퀴는 권력투쟁에 돌입했다. 권력투쟁 이면을 뼈저리게 체험하고 생생하게 목격하며 성장한 형제들이어서, 쟁투는 더 치열하고 비열했다. 투쟁의 직접 당사자는 멍케와 쿠빌라이, 쿠빌라이와 아리크 부케였다. 훌레구는

약간 비켜 있었다. 이제 제 갈 길을 가는 형제들의 행로를 따라가
보자.

제 갈길 가는 형제들

먼저 톨루이의 삼남이자 쿠빌라이의 바로 아래 동생 훌레구.

1253년, 몽골 본토에서 특이한 병사 징집이 있었다. 10가구당 2
명씩 열서넛의 앳된 소년들을 차출差出한 것이다. 그들의 목적지
는 바그다드의 압바스조. 수천 리 밖의 원정길에 나서기엔 너무 어
리고 약해 보였다. 도대체 이들을 데리고 가서 무슨 전쟁을 한단
말인가? 그러나 몽골인들은 놀라운 계획을 세워놓고 있었다. 소년
병사들은 돌아오지 않을 것이다. 그들은 정벌지에 뿌리를 박고 살
것이다. 한마디로 그들은 식민지 건설에 나선 전쟁 이민 병사들이
었다.

훌레구를 사령관으로 하는 소년 병사들은 실전 훈련과 다름없는
사냥 연습을 하면서 천천히 진군했다. 무려 2년이 걸린 원정길의
목적지에 도착했을 때, 그들은 강인한 병사들로 성장해 있었다. 진
군 중에 모집한 병사를 포함해 병사의 수도 12만 9천 명으로 늘어
났다.

그들이 처음 맞닥뜨린 것은 엘부로즈 산맥 속의 아라무트 요새였다. 테헤란 북서쪽 140킬로미터 지역에 위치한 난공불락의 성이었다. 그곳엔 이슬람 시아파의 하나인 이스마일파가 자리하고 있었다. '아사신'이라 불리던 암살단이었다. 자객을 뜻하는 어쌔신 assassin의 어원인 아사신은 아랍어 '하시신hashishin, 대마초'에서 유래된 말이다. 비밀조직인 암살난을 훈련할 때 대마초 같은 마약을 이용한다고 해서 십자군전쟁 중 유럽인들이 붙인 이름이다.

아라무트 요새의 암살단들은 무슨 수를 써서라도 임무를 수행하는 공포의 집단이었다. 이슬람의 반대 종파 지도자는 물론이고, 십자군전쟁의 명장 레이먼드 백작, 이스라엘의 콘라드왕, 셀주크의 재상, 유럽의 국왕까지 그들에게 살해당했다. 아사신의 수장 무하마드는 바그다드의 제37대 칼리프─칼리프는 아랍의 최고 지도자이다─ 무스타심과 세력을 같이 했다.

훌레구는 정면 공격 대신 내부를 분열시키는 작전을 택했다. 그는 무하마드의 측근을 포섭해 내부 반란을 일으키도록 했다. 무하마드가 수하에 의해 암살당하자 아사신은 곧장 붕괴됐다. 중동 군주들과 유럽 십자군을 공포에 떨게 한 암살단은 훌레구에 의해 1256년 160년간의 역사를 마감했다.

이어 훌레구의 몽골군은 바그다드를 공격한다. 훌레구는 먼저 칼리프 무스타심에게 편지를 띄웠다.

그대는 칭기스칸 이래 몽골군이 세상에 가져온 운명을 알았다. 영원한 하늘의 은총에 의해, 어떤 굴욕이 쾨레즘 샤들의, 셀주크들의, 다일람 왕들의 그리고 여러 아타벡들의 왕조를 덮쳤던가! 그러나 바그다드의 문은 이러한 인종들 누구에게도 닫히지 않았고, 그들 모두 그들의 지배를 확립하였다. 그러면 그러한 힘과 그러한 권력을 가진 우리가 이 도시에 들어가는 것을 어떻게 거절할 수 있는가? 기치에 대항하여 무기를 잡지 않도록 조심하라!

무스타심은 경멸과 비웃음으로 답했다.

오, 이제 겨우 자신의 경력을 시작한, 그리고 열흘의 성공을 축하해 축배를 든, 모든 세상보다 그대가 우월하다고 믿는 젊은이여! 너는 동쪽에서 마그리브까지 알라의 모든 숭배자들은 국왕이든 거지든 내 조정의 노예이며 내가 그들에게 소집을 명할 수 있다는 것을 아는가?

격노한 훌레구는 진공을 명했다. 공격을 시작하면 폭풍처럼 휘몰아쳐 단숨에 적을 격파하는 몽골군이었다.

몽골군에 포위된 바그다드는 채 한달을 버티지 못하고 1258년 2

월 백기를 들었다. 말이 백기이지 초토화 궤멸화 그 자체였다. 투항한 무스타심은 귀인貴人을 죽일 때는 피 흘리지 않게 죽인다는 몽골인들의 전통에 따라 말에 밟혀 죽었다고도 하고, 탑에 유폐돼 아사했다고도 전해진다. 이로써 500년 역사의 압바스조는 사라졌다. 이슬람 세계에서 칼리프라는 제도도 사라졌다.

훌레구에게 바그다드 점령은 사소한 예행연습에 불과했을 것이다. 서북 이란 땅에서 휴식을 취한 훌레구 군대는 1260년 시리아로 진격했다. 다마스커스를 함락하고 아레포에 들어섰을 때 동쪽에서 급보가 날아들었다. 그 전해인 1259년, 형 멍케가 급사했다는 소식이었다.

키트 부카가 지휘하는 선봉부대만 남기고 회군하던 훌레구는 또 한번 기막힌 소식을 접한다.

"쿠빌라이도, 아리크 부케도 칸에 올랐습니다."

그는 일단 이란초원에 머물며 제국의 흐름을 지켜보기로 했다. 그러나 정세는 훌레구에게 유리하게 전개되지 않았다. 그는 쿠빌라이 손을 들어주고 발을 뺀다. 대신 아랍에 자신만의 새 세상 일칸국을 창업한다.

다음 막내 아리크 부케.

그는 막내답게 어머니 사랑을 듬뿍 받으며 성장했다. 어머니 소르칵타니 베키에게 멍케가 남편을 대신할 정치적 기둥이었다면,

아리크 부케는 경제적 정서적 기둥이었다. 그는 어머니의 기대에 부응이라도 하듯 기존 질서와 권위를 묵묵히 따르는 순종파였다. 형 멍케칸에게 한번도 대들지 않는 '모범생'이었다. 그런 막내가 결혼하자 소르칵타니 베키는 자신의 재산 대부분을 물려준다. 중앙아시아의 3,000호, 중국 하남성河南省 협서성陝西省의 40,000호, 진정로眞定路의 80,000호…. 다른 형제들보다 월등히 많은 상속이었다.

또한 소르칵타니는 카라코롬 근처 오르콘강 유역에서 아리크 부케의 부인인 쿠투쿠나, 쿠툴루, 바얀 등과 함께 살았다. 소르칵타니의 이런 행동들은 세인들에게 막내아들에 대한 각별한 애정의 표시로만 보이지 않았다. 소르칵타니 베키가 멍케의 뒤를 이을 적임자로 아리크 부케를 선택하고 있음을 알리는 행동으로 비쳤다. 그래서일까. 멍케칸은 훗날 남송 정벌에 나서면서 아리크 부케를 카라코롬에 남겨두고 몽골제국을 관리하게 했다. 만일의 경우, 아리크 부케가 자신의 뒤를 이을 수 있음을 분명히 해둔 것이다.

아랍으로 진출한 훌레구와 초원을 물려받은 아리크 부케. 두 사람은 형 멍케가 칸이 되면서 정치적 입지가 한결 나아졌다.

이제 쿠빌라이 차례다.

쿠빌라이는 24세 때 어거데이칸으로부터 형주荊州를 영지로 받았다. 그는 카라코롬에 머물며 형주 경영을 현지관리들에게 맡겨

놓고 있었다. 멍케가 칸에 오르자, 쿠빌라이는 떠날 때가 되었음을 직감했다. 때마침 멍케는 섬서陝西, 하남河南을 주면서 쿠빌라이에게 중국 경영을 떠 안겼다. 지금의 만리장성 주변과 내몽골 자치구 지역에 해당하는 북중국 자투리땅이었다.

쿠빌라이는 그때 처음 중국땅을 밟는다. 자신의 이름이 몽골 역사에 새겨지는 순간도 이때부터이다.

중국은 농경과 도시와 문명의 상징이었다. 그 중국을 경영한다는 것은 결코 쉬운 일이 아니었다. 수천 년 동안 몽골 유목민들과 대립하고 증오하고 갈등해온 중국인들, 어이없게 오랑캐에게 점령당했다고 자괴하는 중국인들, 정복당한 현실을 절대로 인정하고 싶지 않은 중국인들의 마음을 연다는 것은 정복작전보다 훨씬 어려운 과제였다.

그러나 쿠빌라이는 속으로 쾌재를 불렀다. 멍케에겐 골치 아픈 과제였을지 모르지만 쿠빌라이는 생각이 전혀 달랐다.

"정체된 몽골제국에서는 활로가 없다. 초원의 수구기득권세력들은 현실에 안주하며 권력투쟁에 몰두하고 있다. 이대로 가면 제국은 무너진다. 일대 위기에 봉착해 있는데도 형 멍케와 그 측근들은 초원 중심 사고방식에서 헤어나지 못하고 있다. 무엇이든 새로운 돌파구를 찾아야 한다. 그러자면 새로운 생각, 새로운 관점이 필요하다. 시대가 바뀌고 세상이 달라졌다. 언제까지 고리타분하게 과거의 영광 속에 파묻혀 살 것인가. 중국이 새로운 미래를 가져다 줄 신천지이다. 중국은 더 이상 정복의 대상이 아니라 통치의 대상이다. 이단자로 매도당해도 좋다. 제국의 사활이 걸린 문제다. 지금 시작해도 늦었는지 모른다."

3장

오늘은 어제의 끝이자 내일의 시작이다

스스로 택한 굴욕은
굴욕이 아니다

세무사찰에 무릎 꿇다

멍케칸으로부터 북중국 경영권을 넘겨 받은 쿠빌라이는 카라코
롬을 떠나 오늘날 중국 내몽골자치주의 '금련천金蓮川' 평원에 터
를 잡는다. 노란 금련화가 초원 가득 피어 있어 사람들은 그 일대
를 금련천이라 불렀다. 그곳을 개평부開平府라고 하는데, 훗날 상
도上都로 이름이 바뀐다. 새로운 세상을 향한 쿠빌라이의 첫걸음
이 시작되는 순간이다.

자투리땅이라고는 하지만 현지관리가 전하는 북중국 현황은 충
격적이었다. 특히 형주荊州가 심각했다. 형주는 아버지 톨루이가
칭기스칸으로부터 상속받은 호북성 8만 호 중 1만 호가 살았던 곳

이다. 그런데 옛날의 형주가 아니었다.

"형주 1만 호 중 현재 남아있는 가구 수는 겨우 600~700호뿐입니다. 대부분이 고향을 버리고 떠났습니다."

주민들 대부분이 집과 토지를 버리고 유랑민이 된 것이다. 잇단 전쟁으로 피폐해질대로 피폐해진 터에 날로 더해지는 몽골인들의 착취와 수탈은 주민들을 절망의 구렁텅이로 몰아넣고 있었다. 그들의 유일한 희망이 있다면 딱 하나, 엑소더스 고향 탈출이었다.

"주민 없는 영토는 아무 소용없는 허허벌판, 황무지일 뿐이다. 주민이 없으면 세원확보가 불가능하고 그러면 통치를 어떻게 한단 말인가. 말만 그럴듯하지 영지랄 것도 없다. 무슨 수를 써서라도 주민 이탈을 막아야 한다. 떠나간 유랑민도 되돌아오도록 해야 한다. 그러자면 주민들이 원하는 정책을 하루 빨리 시행해야 한다."

북중국이 유일한 근거지였던 쿠빌라이는 주민존중 인간중시 행정을 적극적으로 펴 나갔다. 먼저 그는 중국식 제도를 과감하게 도입했다. 사람들이 억울한 사정을 마음껏 호소토록 하는 신문고 제도를 실시했으며, 선무사宣撫使 안무사安撫使 경략사經略使 권농사勸農使 등을 두어 세금을 감면하고 농업을 장려했다. 교육제도를 파격적으로 뜯어고치는가 하면 비리척결에도 앞장섰다. 어거데이칸 시절 노비가 된 중국인 유학자들을 과감하게 석방하고 그들을 우대했다. 쿠빌라이의 개혁은 한인 지주들부터 지식인들, 무장세력들에 이르기까지 엄청난 호응을 받았다.

주민들은 쿠빌라이를 '차카르와르티'라고 부르기 시작했다. 산스크리트어로 '현명한 칸'이란 뜻이다. 주민들은 그를 '황금 오르도의 바퀴를 돌리는 사람'이라 부르기도 했다. 오르도는 대형 천막 궁전이란 뜻이다. 이런 평판은 곧 역풍을 만난다.

초원의 수구세력들은 쿠빌라이에 대한 중국인들의 평판에 불안해 했다.

"쿠빌라이가 한인漢人 중용주의와 중국식 통치로 중국인들의 마음을 얻으려 한다. 그는 몽골의 전통적 가치를 부정하려 한다. 이대로 방치하면 우리의 설자리가 없어질지 모른다."

그들은 특히 쿠빌라이가 개평부에 제국의 수도 카라코롬과 맞먹는 궁전을 짓는 것에 민감하게 반응했다. 쿠빌라이의 정치적 성장을 가장 불안해하고 가장 긴장한 사람은 형 멍케칸이었다.

1256년 멍케칸에게 긴급보고서가 올라갔다.

"섬서·하남·형주를 다스리는 쿠빌라이의 추종자들이 칸에게 보내야 할 세금 수입을 가로채 쿠빌라이에게 보냈습니다."

그렇지 않아도 신경이 곤두서 있던 멍케다. 즉각 소환장이 발부됐다.

"세무사찰을 받아라."

멍케가 파견한 알람다르Alamdar와 유태평劉太平이 조사관들을 데리고 들이닥쳤다. 조사관들은 섬서·하남·형주를 샅샅이 뒤지고 쿠빌라이의 참모들을 심문했다. 알람다르와 유태평은 멍케의 최측근이자 초원수구세력을 상징하는 인물들이었다. 그들은 멍케칸의 절대적인 신임을 무기로 쿠빌라이를 재기불능 상태로 몰아갔다.

쿠빌라이는 불쾌감과 초조감이 교차했다. 그때 한인 참모 요추姚樞가 건의한다.

> 당신은 황제 제일의 신하이므로, 황제에 대한 복종의 모범을 보여야 합니다. 당신께서 가족을 이끌고 멍케칸을 찾아가면 형이신 멍케칸의 의심을 떨칠 수 있습니다.

쿠빌라이는 참아야 했다. 아니 굴복해야 했다. 그러지 않으면 살아남기 어려웠다.

"지금 힘은 형에게 있다."

쿠빌라이는 멍케칸의 거처를 직접 찾아가 무릎을 꿇었다. 그리고 세무사찰 중단을 읍소했다. 그것으로 세무조사는 중단됐지만, 그는 사실상 연금상태에 놓이게 된다. 쿠빌라이의 참모들에게도 무시무시한 처벌과 징계가 뒤따랐다. 쿠빌라이의 측근 중 한인 참모 사천택史天澤과 유흑마劉黑馬 단 두 사람을 제외한 전원이 처형되거나 중징계의 처벌을 받았다. 그들에게 무려 1백 42개의 죄목이 적용됐지만 한 번도 해명할 기회가 주어지지 않았다. 하남·섬서·형주의 경영권을 박탈당하고 이 지역의 쿠빌라이 사람들에겐 퇴거령이 떨어졌다. 개혁은 중단되고 선무사, 안무사, 경략사 제도는 폐지됐다. 쿠빌라이의 유일한 보루가 무너진 것이다. 그러나 수구세력의 쿠빌라이 견제는 아직 끝나지 않았다. 그들은 초강경책을 준비해놓고 있었다.

남송정벌군 좌익사령관직을 박탈당하다

　세무조사 후 남송 정벌을 위한 작전회의가 열렸다. 그 전해인 1256년 멍케는 남송 정벌을 공식선언하면서 정벌군 좌익사령관에 쿠빌라이를 임명했었다. 그리고 정벌을 위한 본격적인 준비에 착수한 상태다. 회의 중 한 참모가 건의한다.

　"쿠빌라이가 통풍을 앓고 있으니 귀가하라고 칙명을 내리면 어떨까요."

　멍케칸은 무릎을 쳤다. 그는 그 길로 좌익사령관을 동방3왕가의 지도자 타가차르로 전격 교체해 버렸다. 타가차르는 약관 20세의 청년이었다. 사건이었다.

　통풍에 걸리면 팔다리에, 특히 엄지발가락에 염증이 생긴다. 그래서는 말을 탈 수 없다. 통풍이 걸렸다고 하면 전쟁에 나가지 않아도 되는 게 몽골 유목민들의 오랜 관습이다. 통풍을 심하게 앓았던 쿠빌라이는 전쟁터에 나갈 때면 말 대신 등 위에 앉는 장치를 해놓은 코끼리를 탔다.

이번엔 경우가 달랐다. 좌익사령관직 해임은 누가 봐도 통풍을 내세운 멍케의 견제였다. 유목사회에서 무력기반을 잃는 것은 사망선고나 다름없다. 쿠빌라이에게 군권박탈은 세무사찰과는 비교가 안되는 위기 중의 위기였다.

멍케의 견제는 그 전에 있었던 대리국大理國 정벌 때부터 드러났다. 칸에 오른 멍케에게 지상최대의 과제는 남송 정벌이었다. 1252년 7월 12일, 멍케는 남송 정벌에 앞서 대리국 정벌을 결정한다. 대리석이 많이 생산되는 대리국은 지금의 중국 운남성雲南城 지역에 해당한다. 하지만 당시엔 중국의 일부가 아니었다. 한족이 사는 지역이 아니었을 뿐 아니라, 독자정권이 들어서 있었다.

대리국은 몽골이 남송을 뒤에서 공격할 수 있는 최적지였다. 멍케는 쿠빌라이에게 대리국정벌전 참가를 명하면서, 사령관에는 우량카다이를 임명했다. 우량카다이는 칭기스칸 시절부터 전설적인 장군으로 알려진 수베에테이의 아들이다. 우량카다이는 멍케가 칸에 오를 때 큰 공을 세웠다. 쿠빌라이는 불만이었다.

"아무리 우량카다이가 공을 세웠다고 하나, 바로 아래동생인 나에게 그의 지휘를 받으라니…. 이건 나를 노골적으로 무시하는 것 아닌가."

쿠빌라이는 원정 도중 북중국으로 돌아가 버렸고, 우량카다이는 대리국을 정복한 뒤 남송 정벌에 대비해 현지에 남았다. 쿠빌라이는 대리국 정벌에 이어 남송 정벌에서도 군권을 박탈당해 다시 궁지에 몰리게 됐다.

여기서 잠시 신임 좌익사령관이 된 타가차르의 동방3왕가를 살펴보자. 다음은 원사元史를 전공한 윤은숙尹銀淑 박사의 논문 《몽·원제국기蒙·元帝國期 옷치긴가家의 동북만주 지배東北滿洲 支配》에서 발췌한 것이다. 윤박사는 이 논문에서 조선왕조를 창건한 이성계李成桂가 옷치긴 가문의 고려계 몽골 군벌 출신이었음을 증명했다. 윤박사가 오랜 시간 꼼꼼하게 챙긴 사료들은 이 책을 쓰는 데 큰 도움이 됐다.

칭기스칸은 제국을 3분해 알타이산을 경계로 서쪽은 장남 조치, 차남 차가타이, 삼남 어게데이에게, 중앙은 막내 툴루이에게 나누어 주었다. 동쪽, 즉 만주지방은 세 동생들에게 주었다. 세 동생은 바로 아래 카사르, 그 아래 카치온, 막내 옷치긴이다. 이 세 동생들 가문을 합쳐 동방3왕가라고 한다.

동방3왕가의 중심세력은 옷치긴 가문이다. 쿠빌라이 뒤를 이어 남송정벌군 좌익사령관에 임명된 타가차르는 옷치긴의 손자다.

이 가문은 동몽골의 쿨룬 부이르 지역을 물려받은 후 대원제국의 정치 전반에 깊숙이 개입하며, 꾸준히 세력을 늘려 동북만주에 이르는 광대한 지역까지 세력권에 두었다.

동방3왕가의 영지는 몽골제국에서 보면 주변부일지 모르나 스텝 유목과 농경이 혼합된 경제 지역이다. 그 덕택에 실제로는 칭기스칸의 아들들보다 더 풍부한 인적·경제적 기반을 확보하고 있었다. 아들들이 받은 서쪽지역은 유목 경제만을 기반으로 했던 곳이다.

이런 기반을 토대로 동방3왕가 지도자 타가차르는 중앙정치에 적극 개입하며 입지를 넓혀갔다. 특히 구육칸 사망 후 톨루이 가문이 어거데이 가문으로부터 칸의 자리를 빼앗아 오는데 적극 동참했으며, 그런 연유와 군사력 덕택에 남송원정군 좌익사령관에 발탁될 수 있었다. 멍케가 칸으로 추대될 때, 대부분의 몽골 귀족들은 불참했었다. 그때 힘을 실어준 사람이 제국의 서쪽 끝에 위치한 바투와 동쪽 끝에 위치한 타가차르였다.

준비도 승산도 없는 남송정벌전

"나의 할아버지 칭기스칸은 위대한 업적을 달성했다. 오직 전승戰勝으로 명성을 쌓았다. 나 역시 이를 따를 것이다."

멍케칸은 취임 5년만인 1257년 남송 정벌을 선언했다. 멍케에게 남송 정벌은 정복의 완성을 의미하는 것으로, 만사 제쳐놓고 서둘러야할 과제였다. 그는 막내동생 아리크 부케와 아들 우룽타시에게 카라코롬을 맡기고 친정親征에 나선다. 물론 좌익사령관에서 쫓겨난 쿠빌라이는 배제됐다.

멍케칸은 육반산六盤山에 총사령부를 설치했다. 오늘날 중국의 신장 위구르자치주 남쪽으로, 해발 3,000m가 넘는 고봉들이 남북으로 줄지어 늘어선 곳이다. 황하 서쪽에 위치한 육반산은 남쪽으로 사천四川과 운남, 서남쪽으로 티베트, 서쪽으로 감숙甘肅, 서북쪽으로 영하寧夏를 통제할 수 있는 요충지다. 몽골에서 남송을 공격하려면 반드시 거쳐야 했다. 칭기스칸이 1226년 여름 서남아시아 원정에서 돌아와, 서하와 금나라 공격을 준비한 곳도 육반산이었다. 칭기스칸은 다음해 그곳에서 생을 마쳤다.

멍케는 정벌군을 3군 체제로 짰다. 중앙군 좌익군 우익군이다.

중앙군은 멍케가 맡았다. 멍케의 아들 아수타이를 비롯한 칭기스칸 직계 후손들이 주축이었다. 병력수가 60만이었다고 한다. 그러나 전투경험이 많지 않은 부대였다. 멍케의 무자비한 숙청으로 전투경험이 많았던 어거데이와 차가타이 가문의 주력세력이 송두리째 제거됐기 때문이다. 바투 가문은 참여하지 않았다. 그들은 멍케의 칸 즉위 후 사실상 독립해 나갔다. 중앙군에서 눈여겨 볼 사람은 쿠빌라이의 유모 사룩의 아들 무게다.

우익군은 운남성쪽의 우량카다이가 이끌었다. 우량카다이는 대리국을 정벌한 뒤 현지에 남아 남송 정벌을 기다리고 있었다. 우익군은 남쪽에서 남송을 공격할 계획이었다.

타가차르가 사령관을 맡은 좌익군은 동방3왕가와 5투하가 주축이었다. 전투경험이 풍부한 부대였다. 병력은 30만. 타가차르는 멍케가 세무사찰 후 쿠빌라이를 해임하고 발탁한 사람이다. 타가차르의 좌익군이 북쪽에서 남송을 압박해 들어가면 중앙군은 양자강을 따라 측면에서 공격한다는 것이 멍케의 작전이었다.

자, 여기서 팔짱만 끼고 있었어야 했던 쿠빌라이 눈으로 멍케칸을 보자.

멍케의 남송 정벌은 너무 위험하고 무모했다. 쿠빌라이는 중국이 얼마나 막강한 나라인지, 그들을 정복하고 통치한다는 게 얼마나 어려운지를 북중국에서 절감했다. 그런데 멍케의 남송 정벌은 준비가 너무 안돼 있었다.

"정복전쟁은 압도적인 기술력이 뒷받침돼야 승산이 있다. 첨단무기, 첨단 병참시스템, 기발한 전술 전략…. 현재 몽골에는 그 어떤 것도 없다. 모의훈련과 도상작전 연습은 얼마나 실시했는가. 할아버지 칭기스칸은 전쟁에 앞서 첩자를 보내 상대방의 취약점을 일일이 체크했으며, 군마와 장비를 치밀하게 준비하고 또 준비했었다. 형은 그걸 잊고 있다. 우리가 아는 남송에 대한 정보는 상식 수준에 불과하다. 이런 상태에서 돌격명령, 한마디로 남송이 스스로 나가 떨어질 것으로 보는 것은 너무 순진한 생각이다. 형은 전쟁의 원리, 전쟁의 속성을 모르고 있다. 장기전으로 가야 그나마 승산을 기대할 수 있다."

그러나 멍케칸에겐 속전속결이 외통수의 길이었다. 권력투쟁 끝에 칸을 쟁취하고 정적을 무자비하게 숙청한 그는 당장 과시할 업적이 절실했다. 일거에 정통성과 권위를 확립해야 했다. 그러나 형의 속공전략은 기회를 쥐었던 형에겐 위기를, 위기 속에 있던 동생에겐 새로운 기회를 제공한다. 참으로 역설적인 결과다.

우연과 필연이 뒤엉켜 역사를 만드는 것일까. 쿠빌라이의 우려와는 별개로 전혀 예기치 않았던 시점에서 전혀 예상치 않았던 돌발변수가 터진다.

1257년 가을, 상양 번성까지 진격한 좌익사령관 타가차르가 불과 1주일만에 북으로 돌아가 버린다. 양자강 입구의 상양 번성은 남송 정벌을 하려면 반드시 넘어야 할 관문이다.

역사서들은 "타가차르가 상양 번성에 도착해 군대와 함께 1주일간 포위했으나 공략할 수 없게 되자 자기 집으로 돌아갔다"고도 하고, "타가차르가 계속된 장마 때문에 군대를 귀환토록 했다"고도 기록하고 있다.

그러나 이런 설명들은 당시의 몽골군 군율과 사기로 보나, 멍케 칸의 막강한 위세로 보나 납득하기 어렵다.

원나라의 공식 역사서 《원사》는 이와 관련해 한가지 암시를 남겼다. 타가차르군이 철군하기 전인 1256년에 일어난 사건이다.

타가차르와 부마 테레케이는 동평의 여러 곳을 지날 때 백성의 양과 돼지를 약탈했는데, 황제가 듣고 사신을 보내 죄를 물었다. 이 때문에 여러 군대가 범하는 일이 없었다.

타가차르 일행이 남송 정벌에 참가하라는 멍케칸의 명령을 받고 남진하는 길에 발생한, 주민 약탈 사건을 다룬 내용이다. 이 기록은 멍케의 약탈금지 엄명과 자신에 대한 추궁에 심기가 뒤틀어진 타가차르가 작전마저 여의치 않자, 전장을 버리고 그냥 돌아갔음을 말하고 있다.

배경이 무엇이든 타가차르 퇴각사건은 좌익군의 활약에 큰 기대를 걸었던 멍케를 하루아침에 위기에 빠트렸다. 운남성에 있던 우량카다이의 우익군은 이미 베트남을 돌아 북상하고 있었다. 그는 좌익군과 악주오늘날의 무한武漢에서 합류키로 한 시나리오대로 움직였다. 그 좌익군이 돌연 철수해버렸으니 우익군은 남송에 갇힌 꼴이 됐다.

다급해진 멍케는 쿠빌라이를 다시 좌익사령관으로 불러들인다.

1257년 11월, 쿠빌라이는 만주의 또 다른 세력, 5투하 군대를 이끌고 참전한다. 5투하는 오래전부터 쿠빌라이 편이었다.

5투하는 잘라이르 옹기라트 이키레스 우르우트 망우트 부족을 말하는데, 중심세력은 칭기스칸의 최측근 참모 모칼리 장군의 가문인 잘라이르부족이었다. 동방에 위치하고 있지만, 5투하는 황금 씨족이 아니어서 왕가가 아니라 투하-내려받은 땅이라는 뜻-로 불렸다. 쿠빌라이의 정부인인 차비가 5투하 지도자 알치노얀의 딸이다. 잘라이르부족의 지도자 바아토르의 부인인 테무른은, 차비의 언니이다. 따라서 쿠빌라이와 바아토르는 동서지간이며, 두 사람과 알치노얀은 사위와 장인 관계다.

차비는 쿠빌라이의 두 번째 부인이다. 첫 부인 테굴론은 결혼한 지 얼마 안돼 사망했다. 차비는 낡은 활시위로 옷감을 짜서 입을 정도로 매우 검소했으며, 쿠빌라이에게 직언과 조언도 마다하지 않는 내조자였다고 한다. 또 쿠빌라이의 동서 바아토르는 결정적인 순간마다 쿠빌라이를 도운 측근이었다.

멍케칸 돌연 죽다

쿠빌라이를 재기용하면서 멍케는 작전계획을 다시 세웠다.

"나는 서쪽인 사천으로 돌아가고, 쿠빌라이는 개평부에서 남하해 악주鄂州로, 우량카다이는 북쪽으로 진격해 악주에서 쿠빌라이와 합류한다."

쿠빌라이로서는 받아들이기 힘든 작전이었다. 당시 황하와 양자강 사이의 지역은 사람이 거의 살지 않는 불모지였다. 그래서 '공백의 벽'이라고 부른다. 그곳은 원래 비옥하고 풍요로운 땅, 물자와 사람이 넘치는 땅이었다. 그러나 금나라와 남송 간의 시도 때도 없는 전쟁터가 되면서 그야말로 폐허로 변해버렸다.

멍케의 새 작전대로라면 쿠빌라이는 바로 그 공백의 벽을 뚫어야 한다. 중간에 식량을 비롯한 그 어떤 군수물자도 지원받지 못한 채 헤쳐나가야 했다. 그 지역을 무사히 통과하고 나면 양자강이 기다리고 있다. 남송을 공격하려면 양자강을 넘어야 한다. 몽골인에게 물은 공포의 대상이었고, 수군은 남송의 자랑이었다. 육군보다 월등히 강했다.

문제는 또 있었다. 칭기스칸 이래로 몽골의 대외 정벌전은 동쪽과 서쪽으로만 진행됐다. 동에서 서로, 서에서 동으로의 이동은 기후가 같은 지역에서 옮겨다니는 것이다. 그러나 남북 장거리 이동은 얘기가 다르다. 기후가 크게 달라지기 때문이다. 남북으로 장기간 이동하는 원정전을 벌인 적이 거의 없는 몽골군으로서는 남송 공격이 더없이 부담스러웠다. 기마군 위주의 몽골군은 기후의 변동에 따른 말 먹이 부족부터 해결해야 했다. 게다가 양자강 남쪽은 유난히 습하고 더웠다. 춥고 건조한 초원에서 자란 몽골말은 더위와 습기에 약했다.

이런 환경 속에서 멍케칸의 작전을 수행하려면 엄청난 희생을 각오해야 했다. 그럼에도 멍케는 막무가내로 밀어부쳤다. 쿠빌라이로선 "사지死地로 돌진하라"는 명령이나 다름없었다. 치명적이었다.

그러나 그 작전은 멍케에게 더 치명적이었다. 만약 쿠빌라이 좌익군의 진군이 늦어지면, 멍케가 가장 먼저 적과 맞닥뜨리게 되는 시나리오였다.

자, 그렇다면 누가 작전의 주도권을, 멍케의 생사를 틀어쥐게 될까.

상황을 꿰뚫은 쿠빌라이는 아주 천천히, 한껏 느리게 남하했다. 그는 1년 후에야 악주에 도착했다. 쿠빌라이가 계산했던 대로 서두르는 멍케의 중앙군이 먼저 진격해 사천 최전선에서 싸우게 됐다. 사천의 산성은 난공불락이었다. 게다가 찌는 듯한 무더위가 엄습했다. 몽골의 장군들이 적잖이 희생됐다.

일단 협서쪽으로 물러서자는 참모들의 건의를 멍케는 일언지하

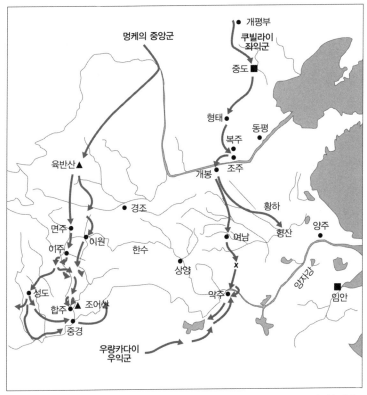

멍케칸의 남송정벌로

묵살했다. 강박에 사로잡힌 듯했다. 이번에는 전염병이 돌았다. 멍
케는 전염병에 걸려 1259년 7월 30일 조어산釣魚山 부근에서 숨을
거둔다. 지금의 사천 합주현合州顯에서 동쪽으로 10리 떨어진 곳
이다.

"나의 할아버지 칭기스칸은 위대한 업적을 달성했다. 오직 전승戰勝으로 명성을 쌓았다. 나 역시 이를 따를 것이다."

남송 정벌에 앞서서 한 선언에서 읽을 수 있듯이, 멍케는 할아버지 칭기스칸의 창업 이념을 종교처럼 믿었던 보수주의자, 초원주의자였다

그는 늘 칭기스칸을 의식하며 제국을 통치했다. 당시 몽골초원의 실력자들이라면, 그것도 초원의 가치를 신봉한다면 칭기스칸을 숭배하지 않는 사람이 없었을 것이다. 그러나 멍케는 제국의 제4대 칸이다. 그것도 칭기스칸의 뒤를 이은 어거데이 가문에서 2명이 칸을 지낸 뒤 이어받은 칸의 자리다. 그런데도 그는 칭기스칸의 시스템, 칭기스칸의 창업 이념에서 단 한발짝도 나아가지 않았다. 아니, 나아가길 포기했을 것이다.

늘 할아버지를 의식해야 했던 멍케는 자신에게 매우 엄격해, 전쟁과 사냥 말고는 그 어떤 것에도 흥미를 느끼지 않았다고 한다. 그는 칭기스칸 콤플렉스에 사로잡혀 있었다. 사로잡혔다기보다는 시달렸다는게 정확한 표현일 것이다. 준비도 승산도 없는 남송정벌전을 강행한 것은 그 콤플렉스의 폭발이었다고 할 수 있다.

그는 할아버지가 어떻게 소수의 몽골인들을 이끌고 다수의 세계인들을 정복했는지 그 배경과 원인을 꼼꼼히 분석하기에 앞서 칭기스칸이 거둬들인 성과를 모방하는데 급급했다. 무모한 열정이

냉철한 판단력을 뛰어넘는 멍케였다. 자신감이 지나쳤는지도 모른다. 멍케칸은 모든 것을 꿰뚫어봤으나 자신 주위는 보지 못했다. 자신만을 믿고 타인을 믿지 못했다. 그게 그의 한계였고, 그 한계는 그의 명운을 재촉했다.

죽기 전에 죽는 자는
묻힐 곳도 없다

이단의 길, 혁명의 길

사람들은 살얼음판을 걷는 도박장에서도 확률 51퍼센트에 매달린다. 승률 49퍼센트라면 외면한다. 정상적인 시기, 정상적인 상황에서는 51퍼센트가 합리적이다. 그러나 만약 비상상황, 비상사태라면 의미가 없는 탁상공론에 불과하다. 원정전쟁, 극지 탐험, 우주여행, 수학 공식 증명, 신약개발, 유전자 연구 등등을 생각해보라. 하물며 생사를 걸어야 하는 권력투쟁의 세계에서 51퍼센트 운운하는 것은 수학적 장난이다. 혁명이라면 더더욱 얘기가 달라진다. 49퍼센트에 도전해서 성공하면 51퍼센트가 되고 다시 1백퍼센트로 갈 수 있다. 그게 인간사다. 쿠빌라이는 그 49퍼센트에 목숨을 걸었다.

멍케가 사망한 그 시각 쿠빌라이는 남하 중이었다. 서울대학교 동양사학과 김호동金浩東 교수는 몽골과 중앙아시아 역사의 권위 자다. 그분의 많은 저서와 번역서들, 특히 《몽골제국과 고려서울대 학교 출판부, 2007년 6월》는 또 다른 관점에서 이 책을 쓰는데 훌륭한 길잡이가 되었다. 김교수는 쿠빌라이가 비록 미확인 정보이긴 하 지만 7월 30일 발생한 멍케칸의 사망 소식을 처음 들었을 때를 8 월 중하순쯤으로 추정했다. 회수淮水 북안의 여남에서였다.

칸의 급사는 제국 최대 비상사태다. 모든 전쟁은 멈추고 코릴타 를 소집해 후계자 선정을 비롯한 대책을 세우고 제국 전반을 점검 해야 한다. 몽골제국의 장군이라면 그가 세계 어디에 있든 즉각 본 국으로 귀환해야 한다. 그에 앞서 장례식부터 참석해야 한다. 그것 도 친정親征에 나섰다가 사망한 대칸의 장례식이다.

공석이 된 칸의 자리는 쿠빌라이와 막내 아리크 부케 두 형제 중 하나가 차지하게 돼 있었다. 멍케칸의 아들들은 너무 어렸고, 훌레 구는 아랍에 진출해 있었다. 경쟁이 가능한 두 사람 중 동생 아리 크 부케는 초원의 카라코룸을 지키고 있었고 쿠빌라이는 중국에서 남송을 향해 진군 중이었다. 칸이 사망하자 멍케칸의 아들 아수타 이를 비롯한 중앙군은 칸과 현지 전투에서 사망한 장군들의 시신 을 안고 초원으로 귀환했다. 그들을 기다리는 아리크 부케는 부푼 꿈을 안고 장례식 준비를 하고 있었다.

"형의 장례식만 무사히 치르고 나면 내가 대망의 칸에 오르게 된다."

그러나 쿠빌라이는 초긴장상태에 빠진다. 그는 유모 사룩의 친아들로, 친형제보다 더 가깝게 지내온 무게로부터 멍케의 사망 소식을 듣는다. 무게는 멍케칸의 중앙군에 소속돼 사천 방면으로 진격하고 있었다. 멍케의 죽음을 안 무게는 즉각 사람을 보내 이 사실을 쿠빌라이에게 전한다. 천금보다 값진 정보였다.

자, 어떻게 할 것인가. 회군해 장례식에 참석할 것인가, 남송 원정을 강행할 것인가. 쿠빌라이는 갈림길에 섰다. 장례식은 초원과 카라코롬을 장악한 동생 아리크 부케가 주관하게 되어 있다. 입술이 바싹 바싹 타들어 가는 순간이다. 그는 생각에 잠긴다.

"진군을 중단하고 카라코롬으로 돌아가 형의 장례식에 참석하는 것이 모양도 좋고 충직한 처신이다. 그러나 추락하는 제국의 활로를 열려는 나에겐 영원히 기회가 오지 않을지 모른다. 아니, 더 큰 위기가 닥칠지 모른다. 지금 이 순간, 나에겐 1백프로 확인된 것은 아니지만 정보가 있다. 그러면 위기는 위기가 아니라 기회다. 미래를 꿈꾸는 자가 터널을 뚫는다."

쿠빌라이는 참모들과 긴급 대책회의를 갖는다. 학경, 요추, 유병충, 사천택, 허형許衡, 바아토르 등등이 모여 앉았다. 카라코롬의 장례식에는 참석하지 말아야 한다는 데는 모두가 같은 의견이었다.

"몽골 본토의 초원에는 아리크 부케가 진을 치고 있다. 아리크 부케는 알타이 산맥과 항가이 산맥 사이에 펼쳐진 거대한 영지를 상속받았을 뿐 아니라, 멍케칸으로부터 멍케의 본거지 관리를 위임받았다. 그는 또 현재 몽골 중앙정부의 책임자다. 급사한 멍케칸은 후계자와 관련해 그 어떤 유언도 남기지 않았다. 이대로 굴러가면 아리크 부케가 멍케칸 장례식을 주관하고, 이어 새로운 칸으로 추대될 불 보듯 뻔하다. 무엇보다 멍케칸세력의 향배가 중요한데 그들은 아리크 부케를 지지할 것이다. 멍케칸과 쿠빌라이는 정치노선 전쟁철학 통치이념 등 모든 면에서 너무 달랐다. 아리크 부케는 멍케에게 순종했으니 그들이 아리크 부케를 지지할게 분명하다. 그런 자리에 끼어서는 기회가 없다."

그러나 다음 수순을 놓고는 참모들의 의견이 갈렸다.

"일단 상도로 돌아가 대권장악을 위한 준비에 들어가야 한다. 지금은 남송 정복도 불가능에 가깝다."

회군론은 주로 한인 참모, 특히 학경이 강력하게 주장했다. 남송 공격 강행론은 몽골인 참모, 특히 5투하의 지도자 바아토르가 앞장섰다.

"우리는 메뚜기와 개미처럼 많은 군대를 데리고 이곳에 왔다. 임무를 완수하지 못하고 어떻게 돌아가겠는가."

바아토르는 쿠빌라이의 동서다.

쿠빌라이는 불안하고 고독했다.

여기서 잠깐 쿠빌라이가 앓았던 통풍을 생각해보자.

이동하지 못하는 유목민은 유목민이 아니다. 통풍은 십리도 못 가서 발병이 나는 그런 질병이다. 말을 타기도 힘든 병을 앓는 쿠빌라이는, 그 덕택에 '생각하는 유목민'이 될 수 있었다. 말의 질주가 아닌 생각의 질주를 한 것이다.

쿠빌라이는 일단 회수를 넘기로 결정한다. 남진을 계속한 쿠빌라이군은 9월 18일 양자강 북안에 도착했다. 바로 그 다음날 전령이 도착해 멍케칸의 사망 사실을 공식적으로 전한다. 젖형제 무게가 미확인 정보를 전한 지 20여일 만이다. 이제는 사정이 달라졌다. '미확인 첩보'가 아니라 '확인된 사실'이다. 그러면 행동도 공식적 공개적이어야 한다.

쿠빌라이는 장고에 들어간다.

"나는 한동안 군권軍權을 박탈당한 상태에 있었기 때문에 내가 마음대로 지휘할 병력이 부족하다. 나에게 배치된 좌익군에 대한 지휘권조차 제대로 행사하지 못하고 있다. 남송 공격을 계속하면 좌익군을 장악할 시간적인 여유를 갖게 된다. 또 우량카다이를 구출해주면 그는 내편이 될 것이다."

장고는 이어진다.

"몽골은 전쟁으로 먹고 살아온 나라다. 전쟁에 나섰다가 그 어떤 이유에서든 성과 없이 돌아가면 몽골 사회에선 지도자로 인정받을 수 없다. 당장은 그냥 넘어가겠지만 언젠가는 내일을 이끌 지도자로서의 신뢰를 잃는 화근이 될 것이다. 초원에서 멀리 갈수록 장례식에 불참하는 사유도 만들어진다."

쿠빌라이는 마침내 남송 공격을 선언했다.

"내가 칙명을 받고 남쪽으로 왔는데 아무런 공도 세우지 못하고 어떻게 갑자기 돌아갈 수 있단 말인가."

충성과 모반의 갈림길에서 쿠빌라이는 모반을 선택한다. 그렇다면 그는 반역자인가. 그렇다. 적어도 절차면에서는 그렇다. 결국은 불법 쿠데타로 이어졌기 때문에 더더욱 그렇다. 쿠데타를 일으킨 것만은 틀림없는 사실이기 때문이다. 그럼 그가 오직 권력만을 탐해서 모반의 길을 갔다고 봐야 할까.

여기서 유목 정신이 무엇인지 다시 한번 생각해보자. 유목이동 문명의 근본은 옆을 보는 수평의 세계이다. 무턱대고 위를 답습하지 않고 옆을 보며 새로운 길을 개척하는 것이야말로 진정한 유목 정신이다. 쿠빌라이에게 있어서 옆으로 뻗어가지 않고 초원에 대해 맹목적으로 집착하는 것은 구태의연한 수구였다. 더 극단적으로 말하면 반유목 정신이었을지도 모른다.

이 세상에 영구불변하는 유목 정신은 없다.

그렇다면 당시 몽골제국의 현실에서 쿠빌라이가 생각하는 진정한 유목 정신의 구현은 무엇이었을까. 다른 형태의 몽골제국 건설이었을까? 아니다. 그것을 훌쩍 뛰어넘는, 전혀 다른 꿈이었다. '새로운 세계의 창조.'

초원수구세력의 적자인 아리크 부케가 칸에 오르면 그런 꿈은 물거품이 될 것이다. 쿠빌라이는 그걸 막기 위해 혁명의 길, 이단의 길로 들어섰다. 그런 그에겐 동생 아리크 부케와의 생명을 건 일전이 기다리고 있었다. 패배하는 날엔 반역자로 몰려 멸족을 각오해야 한다. 그러나 미래라는 부적을 지닌 쿠빌라이에겐 두려움이 없었다. 모든 것을 훌훌 털어낼 수 있었다. 살아남은 자만이 미래를 꿈꿀 수 있고, 미래를 꿈꾸는 자만이 살아남을 수 있다. 그런 자만이 새로운 세상을 열 수 있다.

죽기 전에 죽는 자는 묻힐 곳도 없다.

고립된 우익군을 구출하라

쿠빌라이는 지금까지의 태도를 바꿔 맹렬한 속도로 남하해 비바람과 안개에 뒤덮힌 양자강을 넘는다. 그가 두려움의 대상이었던 양자강을 선두에 서서 넘는 모습은 몽골 장군과 병사들에게 강력한

인상을 심어주었다. 이어 쿠빌라이는 인간적인 면모를 과시한다.

"남송군에 포위된 우량카다이의 우익군을 구출해야 한다."

그때까지만 해도 우량카다이는 멍케칸의 사망 사실을 알지 못했다. 멍케의 중앙군이 칸의 시신을 안고 초원으로 귀환하고 있는 판에 그는 남하해 베트남으로부터 항복을 받아낸 뒤 남송지역 깊숙이 들어가 수도 임안을 향해 진격 중이었다. 그러다가 뒤늦게 멍케칸의 죽음을 안 우량카다이는 퇴로를 찾아 광서廣西의 계림桂林, 호남湖南, 강서江西의 각 도시를 공격하면서 이곳저곳 방황하는 신세가 됐다. 고립된 우량카다이군이 위기를 벗어나는 길은 딱 하나, 악주의 쿠빌라이와 합류해 북으로 돌아오는 방법밖에 없었다.

악주는 양자강 중류의 최대 도시이자 전략적 요충지이다. 오늘날 무한武漢이다. 몽골군이 악주를 공격 목표로 정한 것은 양자강에 의지해 겨우 명맥을 이어가는 남송을 동서로 갈라놓기 위해서였다. 몽골군의 진군소식에 임안의 남송 정부는 크게 동요했다. 쿠빌라이가 진격중인 악주는 임안으로 향하는 가장 가까운 코스였다. 쿠빌라이는 양자강을 건너 악주를 포위했다.

악주를 포위한 쿠빌라이의 몸은 남송을 향하고 있지만, 눈은 북쪽의 초원을 향하고 있었다.

"초원에선 지금쯤 칸의 장례식과 함께 새로운 칸을 정하기 위한 코릴타가 열리고 있을 것이다."

초조감이 온 신경을 건드렸다. 남송 공격을 감행하자니 아직은 준비가 덜 돼 승산이 없었다. 그렇다고 본국 상황을 일거에 제압하자니 힘이 모자랐다.

쿠빌라이는 상황을 전면 재검토했다. 사실 그 시점의 쿠빌라이에게 제1의 현안은 남송 정벌이 아니었다. 만사 제쳐놓고 칸의 자리를 차지해야 했다. 게다가 당시의 형편으로 남송과 전쟁을 벌이기엔 너무나 많은 악재를 안고 있었다.

악주는 양자강을 끼고 있는데다 주변에 호수가 많아 기마군 위주의 몽골군에게 불리했다. 또 멍케칸 직속의 중앙군이 철수해 전력도 크게 약화된 상황이었다. 훨씬 치밀한 작전계획을 세운 뒤 몽골군 전체가 총공세를 펴도 이길까 말까 한 싸움이었다. 승산 없는 전쟁에 준비 없이 뛰어들었다가는 진퇴양난에 빠지기 십상이다. 쿠빌라이로선 이래저래 남송 정복은 훗날로 미뤄두고 하루 빨리 칸에 올라 제국의 권력을 장악하는게 우선이었다. 남송 정복을 위해서도 먼저 권력을 거머쥐어야 했다.

쿠빌라이 진영만 답답했을까.

남송측 속사정은 더 굴뚝 같았다. 오랫동안 몽골군의 공세에 시달려온 남송이다. 몽골군의 철수를 천지신명에게 빌기라도 해야 할 판이었다. 당장 공격하기엔 부담을 느끼는 쿠빌라이. 그러나 그는 남송 사정을 꿰뚫어보고 있었다.

예상했던 대로 남송에서 먼저 화친을 제의해 왔다. 남송의 실력자 가사도가 사신을 보내왔다. 가사도는 훗날 쿠빌라이의 사신인 학경을 유배시킨 인물이다. 악주에서 대면한 가사도 사신과 쿠빌라이의 대리인은 일사천리로 밀약을 맺었다.

"남송은 몽골의 신하국이 되고, 양국의 국경은 양자강을 경계로 한다. 남송은 해마다 몽골에게 은銀 20만 냥과 비단 20만 필을 바친다."

이른바 〈악주의 비밀 정전협정〉이다. 양측은 각기 자기 진영으로 돌아가 큰소리칠 수 있는 거래였다. 그러나 손익계산서는 달랐다. 쿠빌라이는 훗날을 기약하기 위한 시간을 벌었고, 가사도의 남송은 꺼져가는 수명을 연장하는 거래였다. 그러는 사이 쿠빌라이는 우량카다이와 연락이 닿았다. 적진을 헤매고 다니던 우량카다이는 양자강을 넘어와 쿠빌라이 진영에 합류해 곤경을 벗어났다. 멍케칸 편이었던 우량카다이는 그후 쿠빌라이 지지로 돌아선다.

한편, 남송으로 돌아간 가사도는 "몽골을 물리쳤다"고 허위 보고했고, 그걸 바탕으로 우승상까지 승진가도를 달렸으나, 나중에 허위 보고 사실이 들통 나 유배됐다가 피살됐다.

학경의 긴급 정세보고서

이때 아리크 부케쪽 상황은 어땠을까.

멍케칸이 남송 정벌에 나서면서 자신의 일족과 재산 그리고 무엇보다 몽골제국의 군대와 백성 긴 리권까지 위임한 아리크 부케. 유사시엔 후계자가 될 수 있음을 사실상 공인받은 그는 하루하루 영향력을 키우고 있었다. 특히 카라코롬을 지키던 몽골군과 중국에서 돌아온 칸의 중앙군 지휘권을 확보해 앞날을 준비하고 있었다.

국정 주도권을 쥔 그는 먼저 멍케칸의 측근들부터 포섭하기 시작했다. 한인 유태평劉太平, 위구르인 알람다르와 도르지 등이었다. 그들은 쿠빌라이에 대한 세무조사의 주역이었다. 알람다르는 북경 장악을 시도하는가 하면, 개평부에서 불과 100여 리 떨어진 곳에 진을 치고 병사를 모집했다. 개평부는 쿠빌라이의 근거지이다. 아리크 부케는 쿠빌라이와 북경, 쿠빌라이와 개평부의 절단을 노린 것이다.

그 즈음 3개월째 악주에 머물고 있던 쿠빌라이에게 개평부에 있던 부인 차비가 보낸 전령이 달려왔다. 《집사》는 차비의 말을 이렇게 전한다.

아리크 부케 측근들인 알람다르와 도르지가 와서 병사들을

징발하고 있습니다. 왜 그러는지 알 수가 없습니다. 병사들을
내어 줄까요?

쿠빌라이는 경악했다. 불안감이 현실로 나타난 것이다. 뒤이어
학경이 《반사의班師議》라는 일종의 정치정세 보고서를 쿠빌라이에
게 올린다.

송나라 사람들은 대적을 두려워하니 자구하려는 병사들이
모인다 해도 여전히 우리를 도모할 여유가 없을 것이나, 우리
의 국내는 텅 비어 있습니다. 일부 실력자들은 팔꿈치와 넓적
다리처럼 서로 의지하며 우리의 배후에서 위협이 되고 있고,
백성을 괴롭히는 간사한 무리는 쿠빌라이와 아리크 부케 양
측에 모두 연결하여 누가 제승자로 서게 될지를 관망하며, 신
기─칸의 자리─를 노려 침을 흘리며 손을 내밀고 있습니다.
……

아리크 부케는 이미 사면령을 내리고 도로지를 단사관으로
삼아 여러 도를 호령하면서 황제의 사무를 수행하고 있습니
다. 대왕 쿠빌라이께서는 중병重兵을 장악하고 계시지만……
만약 아리크 부케가 과감한 결정을 내려 유서를 받았다고 칭
하며 위호를 바로 잡는다는 명목으로 중원에 조직을 내리고
강북에 사면을 내린다면 대왕께서 돌아가려고 해도 가능하

겠습니까. 일군一軍을 보내 멍케칸의 영구를 맞아들여 황제의 옥쇄를 거두고 사신을 파견해 훌레구 아리크 부케 무게 및 제왕들 부마들을 소집해 카라코롬에서 장례를 치르도록 하십시오.

멍케의 시신을 가로채 장례식을 치르고 코릴타를 소집하지 못하면 대권의 기회는 영영 사라질 것이라는 보고서였다.

그러나 그건 어디까지나 학경의 생각이었다. 쿠빌라이로서는 무모하기 짝이 없는 거사였다. 장례식을 주관할, 코릴타를 소집할 권한이 없는 쿠빌라이였다.

쿠빌라이는 우량카다이 장군, 동서인 바아토르 장군 등과 따로 은밀하게 상의한 뒤 철군 결정을 내리고 카라코롬 대신 북경으로 향했다. 정권 장악을 향한 행동개시였다. 그리고 악주 현지에는 바아토르와 우량카다이에게 5만 군대를 주어 남아있도록 했다. 개봉開封에 이르렀을 때 쿠빌라이는 두 장군에게 전령을 보내 명한다.

"당장 악주 포위를 풀고 돌아오라. 천체의 운항처럼 상황이 다시 바뀌었다."

쿠빌라이는 그 숨막히는 상황에서 동방3왕가의 타가차르를 가장 주목했다. 타가차르는 남송정벌군 좌익사령관에 임명돼 전장에 나갔다가 무단철수해 북중국으로 돌아가 있었다. 그러나 그는 당시 몽골 최대 무장세력이어서 그가 누굴 지지하느냐에 따라 쿠빌라이냐 아리크 부케냐가 결판나게 돼 있었다.

"타가차르는 멍케칸의 남송 공격 명령을 어겼고, 그것이 결과적으로 멍케칸의 죽음으로 이어졌다. 만약 멍케의 측근들이 막내 동생 아리크 부케를 후계자로 옹립하는 날이면 타가차르에겐 치명적이다. 타가차르가 사는 길은 내게 합류하는 것밖에 없다."

그러나 타가차르는 쿠빌라이의 계산과 기대대로 움직여주지 않았다. 타가차르로선 까딱 잘못 선택했다간 곧바로 죽음을 맞게 되는 상황이었다. 쿠빌라이는 타가차르의 측근인 위구르 출신 사르기스와 한인 염희헌廉希憲을 보내 집요하게 설득했다.

쿠빌라이는 관인신무寬仁神武하고 마음이 깊으니 마땅히 칸으로 추대해야 합니다. 만약 결정을 하지 못하고 주저하면 기회를 잃을 것입니다.

주저주저 하던 타가차르가 결국 쿠빌라이에 합류했다. 동방3왕가가 합류하자 대세의 흐름을 지켜보던 다른 세력들도 상당수 쿠빌라이 진영으로 들어온다. 천군만마 같은 원군이었다.

전에는 제가, 지금은 형이 옳습니다

나는 왜 칸이 되어야 하는가?

나의 할아버지 칭기스칸이 대몽골제국을 건국한 지 50년
이 지났다. 그 사이 전쟁이 이어져, 문치文治에는 소홀했다.
일대一代에 천하정치의 모든 면을 완전히 할 수는 없다. 형
멍케칸은 뛰어난 재능과 큰 뜻을 품고 있었으나, 훌륭한 신하
를 곁에 두지 못해, 뜻을 실행하지 못하고 별세하고 말았다.
나는 남송 작전에 참여했고, 양자강을 건너 악주鄂州를 공격
하려 했을 때 몽골 본토에서 인민을 징병해 나를 공격하려는
세력이 있다는 사실을 들었다. 인민이 이로 인해 고통을 겪고
있음을 알고 곧바로 말을 돌려 북으로 향해 적대자들을 제압

했다. 반란의 위험은 사라졌으나, 여전히 멀리서 나에게 활을 당기려는 자가 있다. 이에 어떻게 대처해야 할지 의논하려고 각지에서 군신을 모아 회의를 연 결과 생각지도 못하게 나를 칸으로 추대하자는 제안이 나왔고, 참석자 전원이 이에 찬성했다. 그들은 "칸의 자리는 한시라도 공석으로 놔둬서는 안 된다. 지금 칸의 적임자는 쿠빌라이밖에 없다. 칭기스칸의 손자로서 멍케칸의 바로 아래 동생으로서 나이나 재능을 감안할 때 쿠빌라이가 유일한 후보자다. 원정전쟁 중에도 인애仁愛를 잊은 적이 없으니, 그야말로 천하의 주인에 적합하다"고 말했다. 나는 이에 대해 거듭 사양했다. 그러나 일동이 더 열심히 간원했기 때문에 결국 그들의 뜻을 받아들여 칸의 자리에 오른 것이다. 시국은 어려움이 많다. 나는 재능이 없다. 스스로 불안을 느끼고 있다. 즉위 후 정치를 시작함에 있어서 여러 시책을 연구해 다른 기회에 발표하겠다. 중요한 것은 공허한 작문을 작성하는 것이 아니라, 실제 은덕을 베푸는 것이다. 천하가 곧 태평해지기를 기대할 수는 없다. 그러나 인민의 생활을 지키는 것이 당면한 급선무다. 모두 마음을 합하고 나의 이 생각을 이해해주길 희망한다.

1260년 4월, 쿠빌라이는 개평부에서 추종자들을 모아 코릴타를 개최하고, 아리크 부케보다 한발 먼저 칸에 올랐다. 위의 글이 칸에 취임하면서 발표한 '즉위의 조詔'이다. '칸 취임사'인 셈이다. 사실 말이 취임사이지 내용을 훑어보면 자신의 쿠데타가 정당했음을 강조하는 '취임의 변'에 가깝다. 그러나 더 자세히 행간을 훑어보면 그 어떤 저항과 반발이 있더라도 그동안 벼르고 별러왔던 꿈을 반드시 실현하겠다는 강인한 의지가 곳곳에 깔려있는 '선언문'이다.

"중요한 것은 공허한 작문을 작성하는 것이 아니라 실제 은덕을 베푸는 것이다." "인민의 생활을 지키는 것이 급선무다"는 부분들이다.

더욱 주목되는 것은 "칭기스칸의 유업을 계승한다"는 언급이 없다는 점이다. 어거데이칸부터 아리크 부케까지, 초원주의자들이 신봉하는 '칭기스칸 정신'을 쿠빌라이는 취임 선언서에서도 밝히지 않은 것이다.

쿠빌라이가 그 같은 취임사를 발표하며 칸에 올랐다는 소식을 접한 칭기스칸의 창업세대는 충격을 받았을 것이다. 그들이 보기에는 전혀 다른 유목민 캐릭터가 출현한 것이다.

그나마 초원의 기득권자들에게 한가지 다행스러운 점이 있었다. 쿠빌라이칸 즉위 코릴타에 참석한 인사들이 소수였으며, 참석자들조차 몽골제국의 주류가 아니었다는 사실이다. 참석자 대부분이 북중국 언저리에 자리 잡은 동방3왕가와 5투하 인물들이었다.

아리크 부케는 날벼락을 맞았다. 황홀한 꿈에 취해 있던 그로서는 예상하지 못한 사태였다. 쿠빌라이는 형이기에 앞서 권력을 찬탈한 반역자였다. 허를 찔린 그는 부랴부랴 새로운 칸 선출을 위한 코릴타를 소집했다.

매우 안타깝게도, 아니면 어처구니 없게도 아리크 부케는 그 순간까지도 두 형, 즉 쿠빌라이와 훌레구가 장례식에 참석할 것으로 기대하고 있었다. 물론 두 사람은 나타나지 않았다.

카라코룸의 코릴타는 20일 가량 진행됐다. 합법적인 코릴타였다. 쿠빌라이가 칸에 오른 지 한달 후쯤 뒤였다. 황금씨족 대부분이 아리크 부케의 칸 즉위를 승인했다. 또 다른 형제, 일칸국의 훌레구는 쿠빌라이를 지지했다. 킵차크쪽의 바투 가문은 아리크 부케 손을 들어줬다. 멍케칸을 추대했던 바투 가문이 멍케칸의 측근들이 추대한 아리크 부케를 지지하는 것은 당연한 일이었다.

자, 이제 몽골제국에 형과 아우, 두 개의 태양이 떠올랐다. 초유의 사태다. 마지막에 누가 웃을지는 힘이 결정할 것이다. 형제간 전쟁은 불가피해졌다.

살생부 프로그램

700～800년 전 몽골제국 대칸의 사망은 유라시아 전체에 폭풍을 몰고 왔다.

멍케칸이 사망한 뒤 1년도 그랬다. 훌레구는 아랍에 자신의 제국을 세우고, 쿠빌라이는 다음 세상을 준비한다. 가장 강력한 후보자였던 아리크 부케는 장례식 준비를 하며 시간을 보낸다. 그는 형들의 귀환을 기다리다가 "아차!" 하는 상황과 맞딱뜨리게 된다.

전쟁은 분명히 힘으로 한다. 그런데 진짜 힘은 머리에서 나온다. 몸이 아니다. 머리의 활력과 역동성은 정보와 지식이 뒷받침한다. 당시의 형제 전쟁은 그런 정보전의 백미라 할 만 했다.

초원의 실력자들 대부분이 아리크 부케 진영에 가담했다. 쿠빌라이 진영은 남송 정벌에 나섰던 자신의 본군과 동방3왕가의 타가차르, 5투하가 전부였다. 명분도 형의 불법을 응징하려는 동생에게 있었다. 아리크 부케는 느긋했다. 그러나 아리크 부케는 겉돌아도 한참 겉돌고 있었다.

살생부. 쿠빌라이 진영은 멍케칸 사망 직후 멍케칸과 아리크 부케 진영 실력자들에 대한 성향 분석부터 착수했다. 이 작업을 건의한 참모는 위구르인 염희헌 장군. 타가차르를 쿠빌라이 진영으로 끌어들이는데 결정적 역할을 한 인물이다.

실무책임은 조량필趙良弼 등이 맡았다. 조량필은 반대파의 개인 성향이 어떻고, 앞으로 어떻게 움직일 것이며, 우리는 어떻게 대응할 것인가를 쿠빌라이에게 보고했다.

"멍케칸이 가장 신임했던 장군 쿤두카이는 육반산에 주둔하며, 2만 최정예 몽골기병을 지휘하고 있습니다. 그가 초원으로 돌아갈 생각을 하고 있으니 불의의 사태가 나지 않을까 우려됩니다. 향후 예상되는 그의 행동은 첫째 동진해 서안西安을 치는 것, 둘째 육반산에 머무르는 것, 셋째 카라코롬으로 복귀하는 것입니다."

"섬서 사천의 몽골군을 총지휘하는 나우린 장군도 위험합니다. 그러나 그는 회유 가능성이 있는 인물입니다."

"쿠루카이도는 관망파이고, 백가노는 우리 편입니다."

"아리크 부케 진영 지휘관 아래에 있는 부지휘관 중엔 우리 편인 인물들도 꽤 있습니다."

쿠빌라이가 칸에 오른 지 1주일, 아리크 부케가 미처 칸에 오르기도 전의 일이다. 쿠빌라이는 이들을 처리할 선무사들을 지역별로 지명했다. 선무사는 지역의 치안과 물자확보를 책임지는 자리다. 염희헌, 상정商挺, 팔춘八春, 조량필도 비슷한 역할을 맡았다. 그들은 극비리에 반쿠빌라이 실력자들을 제거해 나갔다. 유태평과 쿠루카이도는 서안에서 교살됐으며, 성도의 멜릭 호자는 유혹마에게, 청거의 키타이 부카는 왕유정에게 살해됐다. 멜릭 호자와 키타이 부카의 부지휘관은 염희헌과 내통하고 있었다. 나우린은 팔춘에게 체포돼 투옥됐다. 나우린은 후에 회유를 받고 쿠빌라이 진영에 합류했다.

사전에 정보교환을 하며 치밀하게 움직인 쿠빌라이 진영. 그들에겐 별다른 군대도 없었지만, 상대방들은 마음 턱놓고 있다가 그들의 기습작전에 속속 무너졌다. 제거 작업에는 약 2개월이 소요됐다. 7백 50년 전, 중국대륙에서의 2개월이다.

정보의 힘은 아무리 생각해도 놀랍다. 혼돈 속에서 발휘하는 정보의 가공할 위력은 소름끼치도록 무섭다.

전방위 기습작전

반대파를 제거한 쿠빌라이 진영은 곧바로 물자, 특히 전쟁에 필요한 군수 병참물자 확보에 나섰다. 북경과 서경의 쌀 10만 석을 개평부, 무주, 정주 등지로 운송하고, 각 도에서 병사 6천 명을 차출해 경호군을 증강시키고, 동평로 병사 1만 5천 명을 개평부으로 이동시키고, 병사들에게 입힐 양털 외투와 가죽 모자 바지 구두 1만 개씩을 수송하고, 전쟁에 대비해 거점을 확보하고, 비상연락망도 구축했다.

1260년 8월 18일, 모든 것을 총점검한 쿠빌라이는 직접 기습공격을 지휘한다. 타가차르가 이끄는 동방3왕가가 좌익군, 모칼리의 후예인 5투하가 우익군, 쿠빌라이 직계부대가 중앙군이 돼 아리크 부케 진영을 급습했다.

초원과 중국 곳곳에서 전투가 벌어졌다. 몽골초원의 카라코롬과 시레엔타우, 중앙아시아의 바스키, 중국 감숙성 동쪽의 언주산 요비곡耀碑谷 등지였다. 가히 유라시아판 남북전쟁이라 할 만했다.

당시의 전투 개황을 좀 더 살펴보자.

바스키 전투 : 1260년 가을, 쿠빌라이측은 이승게와 예케 카단 장군이, 아리크 부케측은 줌쿠르와 카라차르 장군이 지휘했다. 쿠빌라이측이 승리하고 줌쿠르와 카라차르는 도망쳤다.《집사》

요비곡 전투 : 1260년 겨울, 큰 바람이 불어 모래가 날리고 하늘이 어두어졌다. 그 바람에 아리크 부케군은 무력해졌다. 쿠빌라이측의 왕량신 장군은 병사들에게 말에서 내려 단검으로 적을 공격하게 했고 카단은 적의 퇴로를 차단했다. 아리크 부케측의 알람다르와 쿤투카이가 죽음을 당했다.《원사》

시레엔타우 전투 : 1261년 겨울, 쿠빌라이측의 카단 장군이

아리크 부케측의 카단 코르치 장군과 병사 3,000명을 참수했다. 타가차르와 카비치 등도 아리크 부케군을 섬멸했다. 타가차르군은 아리크 부케군을 50리 추격해 시레엔타우에서 두번째 전투가 벌어졌다. 쿠빌라이가 보는 앞에서 혼전을 벌이다가 타가차르는 해질 무렵 승리를 거뒀다. 《원사》

쿠빌라이측은 초반 전투에서 대승했다. 예상을 뒤엎은 결과다. 알람다르와 쿤투카이를 비롯한 아리크 부케 진영의 핵심 장군 상당수가 희생됐다. 아리크 부케는 몽골고원 서쪽 멀리의 알타이 산맥쪽으로 도주했다. 아리크 부케 진영 본거지였던 초원에서조차 밀리는 형국이었으니, 쿠빌라이의 근거지 중국에서는 싸우나마나였다. 사천에서 감숙까지 거의 모든 전투에서 아리크 부케 진영은 참패를 면치 못했다.

2차전이 시작되기 직전, 아리크 부케는 청천벽력 같은 보고를 받는다.

"차가타이칸국의 아르구칸이 등을 돌렸습니다."

아르구는 아리크 부케가 차가타이칸국의 칸으로 앉혔던 측근이었다. 아리크 부케는 중국으로부터의 물자공급이 차단되자 아르구가 통치하는 지역에서 조세를 징수하고 무기와 가축을 징발하려 했다. 그러자 아르구가 반기를 든 것이다.

이제 아리크 부케로선 쿠빌라이가 문제가 아니었다.

"아르구를 응징하지 못하면 전열이 뿌리채 흔들릴게 불 보듯 뻔하다."

아리크 부케는 아르구 진영으로 말머리를 돌렸다.

아르구는 멀리 사마르칸드로 달아났다. 지금의 우즈베키스탄 지역이다. 아리크 부케는 거기까지 쫓아가 아르구의 병사들을 잡는 족족 학살했다. 지나는 길에 있는 마을과 도시는 철저히 파괴했다. 흉년이 들어 사람들이 굶어죽는 마을에서도 학살극은 멈춰지지 않았다. 많은 측근들이 아리크 부케의 잔혹성에 몸서리를 치며 쿠빌라이 진영에 투항했다. 아리크 부케는 그렇게 안으로부터 무너졌다. 아리크 부케가 물자확보를 위해 중앙아시아를 헤매는 사이, 쿠빌라이는 아리크 부케의 등을 물고 늘어지는 형국이었다.

물자봉쇄로 결판내다

"이제 전쟁을 끝낼 때가 왔다."

쿠빌라이는 전쟁을 마무리할 카드로 물자보급로 차단을 꺼내들었다. 그가 점령한 중국은 초원을 먹여살리는 물류기지였다. 쿠빌라이는 초원의 카라코룸으로 향하는 물자공급 루트를 봉쇄해 버렸다. 아리크 부케 진영의 숨통을 끊어버린 것이다.

　유목민들에게 식량을 비롯한 물자의 자급자족은 너무 버겁다. 그들의 숙명적인 약점이다. 유목민 리더가 가장 우선시해야 할 일은 물자를 안정적으로 확보해 부족민들을 먹여살리는 것이다. 그러기 위해서라면 약탈도 불사해야 하는 게 유목사회다. 그걸 못하면 리더가 되는 것은 꿈도 꿀 수 없다. 칭기스칸의 전쟁도 따지고 보면 물자확보전쟁, 경제전쟁이었다. 영토점령전쟁이 아니었다. 칭기스칸의 뒤를 이은 어거데이칸은 금나라를 정복한 뒤 중국에서 물자를 공급받는 물자수송 루트를 열었다. 쿠빌라이의 중국 근거지인 개평부는 원래 초원으로 향하는 물자의 집결지였다.

　쿠빌라이는 개평부를 장악하고 보급로를 차단했다. 제국의 수도 카라코롬은 급속히 기울기 시작했다. 장기전으로 갈수록 쿠빌라이군은 유리했다. 아리크 부케는 이점을 오판했다. 경제 봉쇄는 곧바로 위력을 발휘했다. 물자 없이는 전쟁도 없다.

　전쟁 시작 4년만인 1264년 7월, 아리크 부케가 쿠빌라이 진영에 도착했다. 항복하기 위해서였다. 멍케칸의 아들 우룽타시와 아수타이, 참모 시릭 불가 호자 투만 알리차르 등과 함께였다. 아리크 부케는 너무 지쳐있었다. 죄인들에게 천막의 문을 덮어씌우던 몽골 관습에 따라 그는 천막의 문을 덮어쓴 채 쿠빌라이의 천막 앞에 무릎을 꿇었다. 그리고 나서 천막 안으로 들어가 쿠빌라이와 대면

했다.

《집사》는 형제의 대면 장면을 이렇게 전한다.

아리크 부케는 울었고 쿠빌라이도 눈물을 흘렸다. 쿠빌라
이는 눈물을 닦으면서 물었다.

"오, 사랑하는 형제여! 이 반란과 분란에서 우리가 옳았는
가, 아니면 자네들이 옳았는가."

아리크 부케는 대답했다.

"그때는 우리가 옳았지만, 오늘은 당신들입니다."

아리크 부케는 한동안 기립상태로 있었다. 그러자 타가차르의
권유를 받은 쿠빌라이가 옆자리를 아리크 부케에게 내주었다. 다
음날 '자르구'가 열렸다. 몽골식 재판이다. 아리크 부케는 포박된
채 심문을 받았으며, 재판이 끝난 뒤 아리크 부케와 그에 동조한
사람들에 대한 처리가 논의됐다. 쿠빌라이가 재판에 참여한 한 측
근에게 물었다.

"이들을 사지死地로 보내려 하는데 어떻게 생각하는가?"

측근이 건의했다.

"대란을 평정하셨는데 개인적인 감정으로 사람을 죽인다면 투
항하지 않은 사람들이 어떻게 생각하겠습니까?"

아리크 부케 참모들 중 우룽타시 등 칭기스칸의 후예들은 훈계 방면됐으나, 후손이 아닌 참모들은 전원 처형됐다.

아리크 부케는 어떻게 됐을까. 연금됐다고도 하고, 부인과 함께 지방으로 추방됐다고도 한다. 어쨌든 아리크 부케는 얼마 지나지 않아 병으로 쓰러져 어머니 소르칵타니 베키의 묘 부근에 매장됐다. 몽골고원의 셀렝게강 근처 부라 운두르지역이다. 형제들 중 유일하게 어머니 곁에 묻힌 그는 어머니가 가장 사랑했던 막내다.

쿠빌라이 입장에서 보면 이 전쟁은 강자를 향한 약자의 과감한 도전이 승리를 거둔 쾌거 중의 쾌거였다. 아리크 부케가 막내라는 프리미엄과, 어머니의 사랑과, 대칸인 형의 지지와, 초원세력이라는 거대한 군사력에 갇혀 안주해 있는 동안, 절치부심하며 위기를 돌파해 온 아웃사이더의 승리였다.

위기든 기회든 모든 것은
현장 속에 있다

30년간 방치한 초원반란

　아리크 부케와 쿠빌라이 사이에 일어난 전쟁은 걸보기에 왕위를 위한 경쟁인 것처럼 보일 것이다. 하지만 실제적으로는 아리크 부케의 투쟁의 목적은 제국의 중심을 그대로 몽골 왕국에서 두기 위한 것이었다.

　쿠빌라이와 아리크 부케의 전쟁을 몽골의 현대 역사서《몽골인 민공화국의 역사》는 이렇게 적고 있다. 내전을 넘어, 유라시아 대륙 전체를 뒤흔든 사실상의 세계 대전을 한낱 카라코롬이란 수도 지키기냐 아니냐로 해석하는 것은 안타까운 일이다. 수백 년이 흐

른 오늘날의 역사 해석이 이럴진대, 당시의 쿠빌라이를 보는 초원
주의자들의 시각은 더 이상 말할 게 없다.

과거를 맹신하는 초원의 보수주의자들, 교조주의자들은 쿠빌라
이가 제국을 통치하기 시작한 뒤에도 여전히 싸늘한 시선을 보내
고 있었다. 그들은 중국의 부富, 도시에 기초한 농경정착문명을 증
오하고 경멸했다. 천막에 대한 향수를 품고 사는 그들은, 쿠빌라이
가 중국의 문명을 노골적으로 받아들이는 것은 유목 정신을 정면
으로 부정하는 행위라고 비난했다. "중국식으로 연호를 만들고,
중국식으로 국호를 정하고, 중국인을 중용하는 반역자"라는 평가
가 난무했다. 그러나 쿠빌라이는 아랑곳하지 않았다. 그는 한걸음
더 나아가 제국의 수도 카라코룸을 버리고 중국 북경을 새 수도로
정했다. 세계의 심장이었던 카라코룸은 하루아침에 지방의 작은
도시로 전락했다.

참다 못해 반기를 든 몽골인들이 있었다. 그들의 지도자는 카이
도. 어거데이칸의 다섯째 아들인 카시의 장남으로 쿠빌라이에게
는 5촌 조카다. 멍케칸 즉위 후 어거데이칸의 가문은 큰 타격을 입
었다. 카이도는 멍케칸의 피의 숙청 시절에도 다행히 살아남아
발하쉬호수 동남쪽 지역 관리자로 임명됐다. 현 카자흐스탄 남부
에 위치한 지역이다.

카이도는 쿠빌라이와 아리크 부케의 전쟁 때 아리크 부케를 지

지했다. 아리크 부케가 항복하자 그는 자신의 영지로 숨어들어 반란을 준비했다. 그 사실은 많은 사람들에게 알려졌다. 쿠빌라이도 보고를 받고 있었다.

"카이도의 움직임이 수상합니다. 즉각 진압해야 합니다."

참모들의 건의가 잇따랐다. 쿠빌라이는 손을 저었다.

"황족간의 정情이 있으니 덕德으로 대해야 한다."

1268년, 카이도는 마침내 반 쿠빌라이세력을 규합해 반란을 일으켰다. 아리크 부케가 항복한 지 불과 4년 후다. 카이도는 중국을 쳐들어가는가 하면, 카라코롬을 공격하기도 했다. 쿠빌라이는 카이도를 회유하려 했으나 카이도는 묵살했다. 쿠빌라이는 카이도가 공격해오면 그의 군대를 분리 공격해 초원 밖으로 몰아내곤 했다.

카이도는 물러서지 않고 집요하게 달려들었지만 쿠빌라이군은 옛날의 몽골 유목군대가 아니었다. 최첨단 무기로 무장한 최강의 군대였다. 투지 왕성한 올드패션 군대와 최첨단 무기로 업그레이드된 뉴패션 군대의 싸움. 그것은 우리가 익히 아는 유목군대간의 전투가 아니었다. 카이도는 상대가 될 수 없었다.

그런데도 쿠빌라이는 초원의 반란세력을 토벌하는데 총력을 기울이지 않았다. 카이도의 배후에 있는 초원의 군사력을 염두에 두고 있었을지 모른다. 그러나 그는 카이도의 반란을 황금씨족 내부의 노선대립쯤으로 봤을 수도 있다. 체제도전세력이 아니라 일종의 체제내의 반대세력으로 여긴 것이다. 쿠빌라이는 늘 초원의 반대세력을 의식하며 제국을 통치했다. 반대세력의 집요한 도전은 집권세력을 건강하게 만들어 체제의 활력소가 된다.

그물코가 너무 촘촘하면 물고기의 씨가 마르는 법이다. 인간이 만든 세상에 무균사회는 없다. 있어서도 안된다. 카이도는 30년 이상 저항하다 1301년 사망했다. 쿠빌라이가 1294년에 죽었으니 그보다 더 오래 산 것이다.

22일 만에 진압한 만주 반란

반란과 반대세력을 보는 눈은 통치자의 철학과 안목을 말해준다. 그것은 통치자의 현장 감각에서 나온다. 쿠빌라이는 현장의 의미와 중요성을 본능적으로 알고 있었던 사람이다. 동방3왕가의 반란 진압 과정에서 보여준 그의 탁월한 현장 감각은 정말 압권이다.

1287년 봄, 만주의 동방3왕가가 쿠빌라이에게 반기를 들었다. 타가차르의 뒤를 이은 손자 나얀이 반란을 주도했다. 고비 때마다 쿠빌라이의 최대 지원자였던 그들이지만 중앙정부의 간섭이 날로 심해지자 반발한 것이다.

거사 직전 카이도와 대도의 쿠빌라이를 동서 양쪽에서 협공키로

약속한 나얀은 시라무렌강 유역으로 압박해 들어갔다. 카이도는 그 22년 전부터 몽골고원 서쪽에서 반란을 일으켜 틈만 나면 쿠빌라이 진영을 공격해오고 있었다.

3년 전부터 나얀의 심상치 않은 움직임을 주시해 온 쿠빌라이는 위기를 직감했다.

"정권 도전, 체제 전복 움직임이다. 만주는 몽골초원과는 다르다. 대도와 너무 가깝다. 대도가 함락될지도 모른다. 초기에 진압해야한다. 카이도는 내버려 두더라도 나얀의 반란을 방치해선 절대로 안된다."

쿠빌라이는 나얀과 카이도를 연결하는 루트부터 차단했다. 남송정벌군 총사령관을 맡았던 바얀 장군을 카라코룸으로 보내 10만 카이도군의 이동을 차단한 것이다.

쿠빌라이는 코끼리를 타고 직접 현장으로 달려갔다. 그의 나이 73세였다. 지금으로 쳐도 노인 나이인데 7백 22년 전 73세의 노인 쿠빌라이의 집념과 열정이 어떠했는지 놀랍기만 하다.

나얀은 갑자기 눈앞에 나타난 쿠빌라이의 코끼리 부대에 당황했다. 나얀은 요하遼河 부근에 진을 치고, 전차를 일렬로 세워 방어에 나섰다. 그런데 대치한 양측 병사들이 평소부터 알고 지내온 사이라 머뭇거리며 공격을 시작하지 못했다. 그때 쿠빌라이의 코끼리가 갑자기 나얀 진영을 향해 돌진했다. 대경실색한 쿠빌라이 병사

코끼리를 탄 대칸. 파리국립도서관 소장

들도 일제히 돌격했다.

나얀군은 분투했으나 역부족이었다. 나얀은 시라 오르두에서 붙잡혔다. 부하들과 병사들도 무기를 들고 투항했다.

마르코 폴로는 여행기 《동방견문록》에서 자신이 당시 쿠빌라이와 동행했다며 나얀 반란 진압과정을 기록으로 남겼다.

> 나얀이라는 이름을 가진 사람이 있었는데, 젊은 귀공자였다. …… 쿠빌라이칸은 나얀과 카이도의 영지로 이어지는 곳에 위치한 모든 관문에 지체 없이 수비대를 배치했다. 쿠빌라이는 그가 무엇을 하는지를 수비대들에게도 비밀에 부쳤다.

그리고 나서 그는 대도 주위 열흘 거리까지에 있는 병사들을 신속하게 모으라고 명령을 내렸다. 그는 거의 36만 명의 기병과 10만 명의 보병을 소집했다. …… 그들은 나얀이 거의 기병 40만 명에 달하는 병력과 함께 머물고 있는 거대한 평원에 22일만에 도착했다. …… 전투의 날, 동이 트자 나얀의 천막이 있던 평원에 대칸이 나타났을 때 나얀측은 누가 그곳으로 와 자기들에게 해를 끼치리라고는 꿈도 꾸지 않으면서 느긋하게 진을 치고 있었다.

동원된 병사들도 자신들이 왜 동원됐는지 이유를 몰랐던 진압작전, 단 22일 만에 전광석화처럼 끝낸 진압작전. 참으로 흥미진진한 기록이다. 그러나 학자들은 이 기록 일부는 과장됐다고 지적한다. 우선 병력수가 나얀측이 많아야 4~6만, 쿠빌라이측은 그보다 더 적었다고 보는게 타당하다는 것이다.

어찌됐든 이 세상에 현장을 외면하고 성공한 사람은 없다. 현장을 버리지 않은 사람이 실패한 경우도 드물다. 현장은 세상만사의 블랙홀인 까닭이다. 그러나 모든 현장이 현장인 것은 아니다. 현장 속의 흘러간 과거는 현장이 될 수 없다. 현장을 너무 앞서간 미래도 마찬가지다. 쿠빌라이는 카이도의 반란은 현장 속의 '과거', 나얀의 반란은 현장 속의 '오늘과 내일'로 보았다. 그래서 반란은 반란이지만 대처방법을 달리한 것이다.

4장

매 초마다 지구 단위로 생각하라

신개념 국가 대원제국

초원에서 바다를 꿈꾸다

남송을 정복한 쿠빌라이는 남서쪽으로는 운남, 동쪽으로는 일본, 남쪽으로는 자바까지 군대를 보냈다. 양자강 입구에서 서쪽으로 5,000마일을 달려도 쿠빌라이 영토의 끝에 도달할 수 없었다. 알타이 산맥을 넘어 드네프르강 유역에서, 비잔틴제국 국경선에서, 키에프와 모스크바 거리에서, 타브리스와 이스파한 거리에서, 북경과 항주 거리에서 대칸 쿠빌라이에게 납부할 세금이 걷혔다.

영토의 크기로만 본다면 쿠빌라이와 겨룰 자는 역사 이래로, 지금까지 아무도 없다. 세기의 정복자라 일컬어지는 알렉산더나 시저나 나폴레옹은 물론이고, 그의 할아버지 칭기스칸조차 쿠빌라이

영토의 절반도 얻지 못했다.

쿠빌라이는 아리크 부케를 누르고 권력을 장악한 1264년 무렵부터 1294년 80세란 믿기 힘든 초고령으로 사망할 때까지 맹렬한 기세로 자신의 꿈을 담은 제국을 만들어 갔다. 차라리 공포스러운 질주였다는게 정확한 표현일 것이다.

우리는 쿠빌라이의 꿈의 진면목을 이제부터 확인할 수 있다. 그가 세운 대원제국은 역사상 유래를 찾기 힘든 신개념 국가였다. 철저하게 준비되고 기획된 작품이었다고 할 만하다. 준비와 기획의 중심에는 언제나 쿠빌라이가 있었다.

쿠빌라이는 동서고금의 제국의 사례들을 모았다. 로마제국, 이슬람 나라들, 중국의 역대 왕조, 초원을 거쳐 간 유목제국들 모두가 대원제국의 모델이 됐다. 거기에 몽골을 결합시킨 것이 대원제국이었다. 대원제국은 그래서 '세계성'을 지닌다.

대원제국은 유목과 농경에 바다를 추가한 나라다. 당시만 해도 유목과 농경과 바다, 이 세 가지가 인류사의 밑줄기였다. 하늘은 닫혀 있었다. 인간이 하늘을 날려면 라이트 형제가 등장할 때까지 630년을 더 기다려야 했다.

이쯤에서 바다를 생각해 보자. 바다는 출구 없는 유목 정신의 새로운 활로였다. 동양과 아랍, 유럽이 완전히 연결되지 못했던 당시의 바다는 지구상의 마지막 칸막이였다. 칸막이는 할아버지 칭기스칸이 죽을 때까지 무너뜨리고자 했던 반문명, 반인류의 상징이었다.

쿠빌라이에 덕택에 동서양은 육지에 이어 바다까지 연결되는 지구촌의 길을 본격적으로 걷는다. 칭기스칸 시대엔 동서양이 육로로만 연결돼 있었다. 지구촌 시대를 연 쿠빌라이는 인류사상 처음으로 매 순간순간 모든 것을 지구 전체라는 관점에서 생각하고 결정하고 행동한 첫 통치자였다. 명실상부한 글로벌 경영이었다.

이제 그가 인류사에 처음 선보인 글로벌 경영 시스템의 보따리를 하나하나 풀어 볼 차례다.

대원大元에 담긴 뜻

자신의 꿈을 펼치기 위한 전방위 건설 작업에 착수한 쿠빌라이. 출발점은 나라 이름 짓기였다. 그는 중국인 참모 유병충의 건의를 받아들여 국호를 정한다.

국호 제정, 대도와 상도 건설, 운하 공사에 이르기까지 쿠빌라이의 모든 행적에는 유병충이 함께 했다. "말 위에서 천하를 얻을 수는 있지만 말 위에서 천하를 통치할 수는 없습니다"고 건의한 유병충이다. "대원제국은 그의 머리로부터 나왔다"는 평가받을 만큼

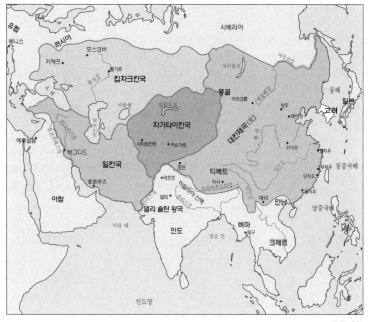

몽골제국

그는 쿠빌라이의 복심腹心이었다. 그에겐 늘 찬사가 따랐다.

"읽지 않은 책이 없다."

"천하를 손바닥 들여다보고 있다는 듯이 논한다."

유병충은 쿠빌라이의 전폭적인 지원과 신임 아래 각종 개혁과
규제 철폐를 단행했으며 새로운 제도를 도입했다. 관리 월급제인
봉록제 실시, 교육기관의 혁명적 수술, 조세제도의 개혁, 파격적인
농업장려 정책…. 기준은 백성들의 눈높이였다.

유병충은 하북성 형주 출신으로 본명은 간侃이다. 그는 1220년 대 이미 몽골의 통치권 아래 있던 형주에서 형주절도사 부영사로 일하고 있었다. 17세의 젊은 나이였다. 몽골의 침공 후 관직을 떠나 전진도全眞道에 입문해 승려가 됐는데, 북방 선종의 거두인 해운海雲이 쿠빌라이를 만날 때 그를 데리고 갔다. 박식했던 유병충을 높이 산 쿠빌라이는 환속을 명하고 유병충이라는 이름을 지어준 뒤 참모로 기용했다. 그는 환속했지만 유교 불교 도교에 능통했으며, 특정 종교를 상징하지 않는 검은 옷을 입고 다녀 '흑의黑衣의 재상'으로 불렸다. 그는 1274년 1월 대도 건설 도중 사망했다.

본론으로 돌아가자. 대원大元. 원은 《역경易經》의 '대재건원大哉乾元'에서 따왔다. 건乾은 천지天地를, 원元은 시작始을 의미한다. 따라서 건원乾元은 하늘의 시작, 혹은 만물의 근원을 뜻한다. 새로운 시작은 근원에서 나온다. 그것은 쿠빌라이의 철학이었다.

머리 아픈 얘기지만 내친 김에 더 파고 들어갈 수밖에 없다.

원元은 추상명사다. 중국에서 추상명사를 왕조 이름으로 삼은 나라는 원나라가 처음이자 마지막이다.

진한秦漢 이후 중국 역대 왕조는 그 왕조가 일어난 지명이나 왕조의 창업자가 책봉받았던 지명을 국호로 삼았다. 진秦은 주周나라 왕이 비자에게 하사한 진秦의 땅—지금의 감숙성 청수현— 이름에서 유래한다. 비자의 자손이 천하를 통일하고 그 이름을 국호로 삼은 것이다.

유방이 세운 한漢나라는 항우가 유방에게 하사한 한중漢中 땅 - 지금의 합서성 남부, 한수 상류의 분지 - 에서 유래한 이름이다. 후일 유방은 항우를 무너뜨리고 제왕에 올라, 국호를 한漢으로 한다.

양견楊堅이 세운 수隋나라는 양견의 아버지 양충楊忠이 북조北朝의 위魏와 북주北周에서 일한 인연으로 받은 수국공隋國公의 이름을 붙인 것이다. 수문제隋文帝가 양견이다.

당唐은 이연李淵의 아버지 병昞이 북주에서 일할 때 봉해진 당공唐公에서, 조광윤趙匡胤의 송宋은 후주後周 시절 송주宋州 - 지금의 하남성 구현 - 절도사였던 데서 유래한다.

중국에 왕조를 세웠던 북방민족들도 마찬가지였다. 거란족의 요遼는 자신들이 일어난 시라무렌강 하류의 요하遼河에서 따온 이름이고, 여진족의 금金은 본거지 아르치프강江의 이름을 딴 것이다. '아르치프'가 금Gold을 의미한데서 유래한다. 쿠빌라이만이 자신이 꿈꾸는 새로운 세상을 향한 의지를 국호에 담아냈다. 실제로 그가 세운 대원제국은 동양에서 발원한 최초이자 마지막 세계국가였다.

그가 연호年號를 사용한 것도 큰 의미가 있다. 연호는 통치자가 무한한 시간의 흐름을 자신의 의지에 의해 획정하는 것이며, 또 자신을 위한 기록을 후세에 남기는 것이다. 쿠빌라이는 쿠데타로 칸에 오른 후엔 중통中統이란 연호를, 동생 아리크 부케가 항복한 1264년부터는 지원至元이란 연호를 사용했다. 쿠빌라이칸의 지배를 상징하는 지원 연호는 그가 죽은 해인 지원30년까지 이어진다.

쿠빌라이는 '하늘天'을 나타낸다 하여 '대원大元'을 국호로 정하고, 그 하늘의 아래인 '땅地'의 중심이 되는 제국의 수도를 '대도大都'로, 천지의 운행을 새기는 '시간時'의 이름으로 '지원至元'이라고 명명한 것이다.

세계의 허브도시, 대도

몽골과 중국, 이슬람을 합친 세계제국. 거기에 킵차크칸국과 일칸국, 어거데이칸국과 차가타이칸국을 일종의 연방국가로 거느린 쿠빌라이제국은 그에 걸맞는 수도 건설이 절실했다. 그렇게 만들어진 도시가 오늘날의 북경인 대도大都이다. 대도의 설계와 건설 책임은 유병충이 맡았다. 1266년 착공돼 26년만인 1292년 1차 공사가 끝난다.

외형으로 보면 대도는 완벽한 도시계획에 따라 설계된 꿈의 도시였다. 특히 통제된 아름다움이 압권이었다. 중국인들이 오랫동안 이상理想으로 여기면서도 단 한 번도 실현한 적이 없었던 도시의 모습이 현실화된 것이다. 당시 대도를 찾은 사람들은 황금색과 농녹색의 기와로 이어진 눈부신 색채미, 그리고 무엇보다도 거대하고 복합적인 건축미에 압도됐다.

대도가 인류에게 선사한 신도시 개념은 '녹지'이다. 도시의 중앙부인 궁성에는 태액지太液池라는 호수를 비롯해 초지草地가 넓게 펼쳐져 있었다. 이 녹지에는 온갖 종류의 동물들이 방사放飼되었다. '영유靈囿'라는 동물원도 있었다. 중남해, 경산공원 등 지금 남아있는 북경의 유적지들이 당시에 건설된 것이었다.

그런데 대원제국은 왜 수도를 현재의 북경으로 정했을까.

중국 지도를 펼쳐놓고 보면 북경의 위치는 동북쪽에 치우쳐 있다. 남송지역을 포함한 전국 통치에 유리한 곳이 아니다. 그러나 쿠빌라이는 제국의 중심을 북경보다 더 남쪽으로 할 수는 없었다. 몽골초원 때문이었다. 동생 아리크 부케를 제압하긴 했지만 남아있는 초원보수세력은 여전히 불안요소였다. 유럽과 페르시아쪽의 몽골세력 동향도 무시할 수 없었다. 모든 것을 감안했을 때 초원과 중원을 동시에 통치하기 위한 최적지는 북경이었다.

만리장성은 농경과 초원의 경계선이다. 북경대도은 만리장성 바로 아래 중국 땅에 있다. 쿠빌라이의 정치적 근거지였던 개평부상도는 만리장성 북쪽에 있지만 북경과 가깝다. 북경은 초원의 최남단이자 농경의 최북단이었던 것이다.

여기서 잠깐, 북경의 복잡한 역사를 알아보자.

오늘날의 북경은 당나라 시절에는 유주幽州로 불렸다. 유주는 안록산 난의 주인공 안록산이 관할하던 하북지방의 중심지이자 변경 수비대의 주둔지이며 이 지방 상업의 중심지였다.

이후 북경은 요遼의 영토로 편입됐다. 거란족의 요는 시라무렌 강 부근에 수도를 세우고 이를 임황부臨潢府 상경上京라 불렀다. 이때 유주를 승격시켜 유도부幽都府로 하고, 상경의 남쪽에 있다 해서 남경南京이라 칭했다. 궁전이 세워지고, 시市가 들어섰고, 상업이 번성했다고 알려진다. 요의 전성시대에 북경은 크게 발전했으며, 이름이 연경燕京으로 바뀌었다. 전국시대에 연의 수도였기 때문이다.

요나라에 이어 북중국의 패권을 장악한 금나라는 자신들의 고향인 흑룡강성 하얼빈의 동쪽에 위치한 회령부를 수도로 했으나, 혜능왕 시대에 들어서 북경에 대규모 확장공사를 했다. 지금 북경의 북해공원은 그때 조성됐다. 혜능왕은 수도를 북경으로 천도하고, 도시 이름을 중도中都로 바꾸었다.

대원제국 시절의 대도가 북경이란 이름을 얻은 것은 명明에 이르러서이다. 명의 주원장은 원의 몽골세력을 초원으로 몰아낸 뒤 대도라는 이름을 북평北平으로 바꿨다. 주원장은 금능金陵 현재의 남경에서 즉위했는데, 제3대 황제인 영락제가 수도를 북평으로 옮기고 이름을 북경으로 고쳤다.

남북 350km의 메트로폴리스

대도는 제국의 심장이었다. 신개념 국가, 글로벌 국가의 수도로서는 부족함이 없었다. 그러나 대원제국이 구상한 것은 대도라는 단순한 수도가 아니었다. 대도_{북경}와 상도_{개평부}를 거점도시로 하는 메트로폴리스였다. 몽골고원과 화북 평원에 걸친 메트로폴리스. 초원과 중원이라는 두 세계가 연결되도록 한, 남북으로 대략 350km에 이르는 거대한 타원형으로 건설됐다. 그 안에 대도와 상도 말고도 특정목적을 위한 수많은 위성도시와 시설들이 숱하게 만들어졌다. 우리로 치면, 서울과 부산을 중심 도시로 하고 수원, 천안, 대전, 대구 등을 위성도시로 둔 모양이다. 정치, 군사, 경제, 문화, 교육…. 대원제국은 수도 기능을 훨씬 뛰어넘는, 국가의 전 기능을 메트로폴리스에 집중시켰다.

상도는 쿠빌라이가 형 멍케칸의 지시로 북중국 땅을 경영할 때 건설한 도시였다. 오늘날 중국 내몽골자치주 돌론 노르에서 북서쪽으로 36Km 지점에 있는 이 땅은 몽골초원과 흡사한 환경이었다.

쿠빌라이는 유병충에게 상도에 궁궐을 건설하도록 명한다. 유병

상도 평면도

충은 어거데이가 건설한 카라코롬의 궁전과는 달리 중국의 궁궐과 비슷한 모양의 도성을 세우고, 개평부라고 이름을 정했다.

개평부는 몽골과 중국을 연결하는 교통의 요지였다. 만리장성 최북단에서 100Km도 떨어지지 않는 개평부는 중화의 요새인 거용관과 가까웠고, 그곳을 지나면 화북의 풍요로운 평원이 펼쳐져 있었다. 그곳에서 북경까지의 거리는 불과 수십 Km에 불과했다.

대원제국은 메트로폴리스에서부터 몽골제국의 전 영토로 향하는 수륙의 운수 · 교통 · 통신 네트워크를 깔아놓았다. 특히 상도에는 제국 각지에 칸의 명령을 전하는 전령 전용의 고속 기마부대가 24시간 비상 대기했다. 2만 5천 마리의 말과 통신병이 상황과 명령의 긴급성, 중대성에 따라 수 기騎에서 수백 기 단위로 언제든지 긴급 발진할 태세를 갖추고 있었다. 오래전부터 있어 왔던 역참제驛站制가 한층 업그레이드된 것이다.

쿠빌라이는 여름에는 만리장성 북쪽의 상도에서, 겨울에는 남쪽의 대도에서 지내면서 1년 단위로 두 도시와 위성 도시들을 순시하며 이동했다. 정기적으로 이동한 데엔 유목 군사력을 유지하면서 경제력을 장악하려는 의도도 있었다. 만리장성을 넘나들며 이동하는 삶을 살았던 그는 만리장성 남쪽에 있을 때는 중국황제로 살고, 만리장성 북쪽으로 올라가면 몽골의 칸으로 돌아갔다. 그는 상도에 머물 때면 궁전을 나와 몽골의 전통 천막가옥인 게르에서 생활하는 날이 많았다고 한다.

공존하는 라이벌 세력

대만 타이페이의 국립고궁박물원에는 눈에 띄는 그림이 하나 있다. 유관도劉貫道라는 화가가 1280년 그린 쿠빌라이의 사냥도이다. 그 그림에는 쿠빌라이와 부인 차비 그리고 8명의 수행원이 등장한다. 그 중 얼굴이 보이는 인물이 5명인데, 2명의 얼굴색은 검은 색이다. 그 2명 중 1명은 중앙아시아에서 온 흑인이다. 다른 한 명도 몽골인의 얼굴색이 아니다.

이 점은 대원제국이라는 공동체의 참모습을 읽는 데 매우 중요한 단서를 제공한다.

동서고금을 막론하고 권력의 확고한 뒷받침이 없으면 통치는 불가능하다. 통치행위는 권력의 행사과정이기도 하다. 쿠빌라이 권력의 원천은 몽골의 군사력에서 나왔다. '초원의 군사력'은 제국 통치의 토대였다. 그러나 그것만으로는 부족했다. 제국의 구석구석까지 무력으로 통치한다는 것은 불가능하다. 이제 정복 지배 수탈의 시대는 지나고 통치 행정 경영의 시대가 왔다. 정치와 군사는 상당 부분 행정과 경영으로 대체돼야 했다.

그 노하우는 단연 중국인들에게서 나왔다.

'중국의 행정력'은 몽골의 정치 군사력에 이어 쿠빌라이 권력의 두 번째 토대로 자리 잡는다. 쿠빌라이는 중국 전역을 실질적으로 장악해야 했다. 또 초원과 중화라는 전혀 다른 두 개의 세계를 잇는 새로운 국가 형태와 시스템을 만들어야 했다. 이는 군사와 경제, 초원과 도시의 결합이었다.

그러나 두 세계의 기계적 결합만으로는 안된다. 신체에 빗대어 초원을 뼈대, 중국을 살이라고 한다면 신체를 도는 혈액이 필요했

쿠빌라이 사냥도

다. 화학적 결합이다. 그걸 이룰 혈액이 물류이고 통상이었다. 그 기능은 누가 담당해야 했을까. 오래전부터 몽골과 연을 맺고 유라시아 대륙의 통상을 장악하고 있던 '색목인의 상업력'이었다. 색목인은 갈색 눈을 갖지 않은 사람들을 가리킨다. 몽골인, 중국인이 아닌 위구르인이나 이슬람인, 유럽인들이다. 그들은 쿠빌라이 권력의 세 번째 토대가 된다.

군사력의 몽골인, 행정력의 중국인, 상업력의 색목인. 대원제국은 이 3대 라이벌세력이 '함께 또 따로' 사는 공동체였다. 쿠빌라이는 라이벌세력의 공존이라는 원칙 아래 대원제국의 시스템을 함께 만들고 운영할 엘리트들을 모았다. 전문가들이었다. 능력만 있으면 인종과 종교와 출신을 가리지 않았다.

앞서 보았던 유병충은 한인 참모 그룹의 선두주자였다.

북경지역 군벌 가문 출신 사천택史天澤도 쿠빌라이의 빼놓을 수 없는 브레인이었다. 칭기스칸의 전설적인 참모였던 모칼리 장군이 금나라를 정벌할 때 사천택의 아버지 사병직史秉直이 투항하고 장녀를 모칼리에 시집보냈다. 이를 계기로 몽골과 인연을 맺은 사천택 가문은 쿠빌라이가 형 멍케칸으로부터 북중국을 넘겨받아 통치할 때 쿠빌라이의 수하로 들어간다. 군인이었던 사천택은 쿠빌라이를 따라 숱한 전투에 참가했다. 아리크 부케와 전쟁을 벌일 때 맹활약했으며, 남송 원정 때는 여문환의 항복을 받아내는데 크게 기여했다. 1274년 남송정벌군 총사령관 바얀 장군이 남송 수도 임안에 입성할 때도 함께 했다. 사천택은 쿠빌라이 아래서 우승상이라는 최고의 관직까지 오른 유일한 중국인이었다.

한인들이 주로 하드웨어 부분에 발탁됐다면, 색목인들은 소프트웨어 분야에 중용됐다. 시리아인으로 네스토리우스파 기독교 신자였던 이사 켈레메치는 종교와 통역 담당 참모였다. 네스토리우스파 장로 아타가 구육의 칸 즉위식에 참석할 때 이사 켈레메치의 아버지도 함께 왔었다. 그 인연으로 몽골로 옮긴 이사 켈레메치는 쿠빌라이에게 올라오는 다양한 언어의 상주문을 번역하고, 쿠빌라이의 명령을 다시 문서화하는 업무를 맡았다.

위구르인 아흐마드도 빼놓을 수 없는 색목인 참모로 20여 년간 조세, 통상, 건설, 농수산, 경제 기획 등을 총괄했다. 쿠빌라이가 대도에서 상도로 이동하면 그는 대도에 남아 경제관련 중앙부처를 지휘 감독했다. 그는 오르타크 또는 오르톡 상인출신이었다. 터키어로 '동아리' '동지' '조합'을 의미하고, 위구르어로 '동료' '파트너'란 뜻을 지닌 오르타크는 서양의 길드 같은 조직이었다. 그들은 주로 국제무역을 담당했으며, 색목인들이 주축이었다. 당시 오르타크 상인들은 몽골인 지배계층의 지원을 받아 세금면제 특권을 누리고 있었는데, 아흐마드는 그 특권을 없애버렸다. 덕택에 대원제국은 남송 정벌 등의 전쟁 비용을 어렵지 않게 조달할 수 있었다. 쿠빌라이의 경제정책 대부분은 아흐마드를 중심으로 한 경제관료들이 입안한 것이다.

쿠빌라이의 측근 중의 측근은 바얀 장군이었다. '바얀'은 몽골어로는 '부유한'이란 뜻이지만, 한자로 음역하면 '백안百眼', 즉 100개의 눈을 가진 사람이란 뜻이 된다. 그는 쿠빌라이의 요청으로 일칸국에서 돌아온 후 남송정벌군 총사령관을 맡아 상양 번성 전투, 악주 전투 때 현장을 지휘했으며 임안에 입성해 남송의 멸망을 마지막까지 지켜본다. 바얀은 중서좌승상, 동지추밀원사까지 초고속 승진을 거듭하며 종횡무진 제국의 업무를 관장했다. 신중하고 용맹했던 바얀 장군은 칸의 각별한 신임을 받았다. 쿠빌라이가 만주쪽의 나얀 반란 진압을 위해 직접 출정할 때면 바얀은 초원 반란세력인 카이도의 공격에 대비해 카라코룸을 지켰다. 군권까지 행사할 수 있는 최고권력자 위치에 오른 것이다.

인연과 뿌리가 같은 사람들로 넘치면 공동체의 하루하루는 매끄럽고 조용조용히 돌아간다. 그러나 길게 보면 그런 공동체는 활력이 떨어져 결국은 침체의 길, 내리막길을 걷는다.

인연과 뿌리가 서로 다른, 그래서 견해와 철학과 노선과 행태가 서로 다른 사람들로 채워지면 조직은 시끄럽고 어지럽다. 그러나 때가 되면 공동체 구성원 모두가 깜짝 놀랄 힘을 발휘한다. 자신들도 모르는 사이에 활력을 자체 충전하기 때문이다. 대원제국은 서로 다른 생각들이 활력을 발휘하는 컨소시움이었다. 그 컨소시움을 구성한 사람들이 쿠빌라이와 함께 꿈을 엮어가는 씨줄과 날줄이 됐다.

파스파문자, 소통의 벽 허물기

소통이 없는 공동체는 망한다. 반대로 의견과 주장과 정보와 지식이 자유자재로 흐르는 사회는 건강성을 유지한다. 문자는 언어와 함께 소통의 핵심 수단이다. 다민족 다종교 다인종 다언어의 공동체였던 대원제국. 문자와 언어의 표준화가 이루어지지 않고 저마다 다른 문자 다른 언어를 사용하면 결속은 어려워진다. 쿠빌라이는 어렵고 딱딱한 중국의 한자만으로는 안된다고 판단했다. 소통의 벽을 허물기 위해선 새로운 문자가 필요했다. 커뮤니케이션의 표준화를 위한 공용문자다.

쿠빌라이는 티베트 승려 팍파Pagspa, 1235~1280, 파스파라고도 한다에게 새로운 문자창제를 요청했다. 티베트어로 "현명한 아이"라는 뜻의 이름인 팍파는 어릴 때부터 신동으로 불렸다고 한다. 7살 때 이미 불교 경전을 읽고 그 뜻을 이해했다고 한다.

팍파는 15세 때 육반산에서 쿠빌라이와 첫 대면했다. 쿠빌라이는 그의 뛰어난 재주를 한눈에 알아보고 자신의 곁에 두었다. 쿠빌라이는 칸에 즉위하자 팍파를 '황제의 스승'으로 임명했다. 정치와 종교 분야를 담당하는 정신적 참모였다.

팍파는 쿠빌라이의 요청에 따라 문자 창제에 박차를 가했다. 1269년 마침내 티베트 문자를 바탕으로 41개의 자모를 만들어 낸

파스파문자가 새겨진 쿠빌라이 시절의 동전
책의 언어는 오른쪽부터 한자, 몽골문자, 티베트문자, 산스크리트문자, 파스파문자

다. 곽파가 만든 문자는 직사각형으로 되었고 세로로 써 내려가는 방식이었는데 파스파문자라고도 한다. 파스파문자는 1269년 국가의 공식문자로 지정됐다.

그런데 실제 사용에는 실패했다. 배우기가 어려워 몽골 위구르 문자를 사용해온 몽골인이나 한자를 사용해온 중국인 모두로부터 외면당했다. 대신 파스파문자는 도장, 기념비, 화폐 등에 사용됐다.

쿠빌라이가 새로운 문자를 만들려고 한 이유는 중국어 의존도를 낮추기 위해서였을 것이다. 또다른 이유는 칭기스칸이 범한 구두

행정의 오류를 극복하기 위해서였을 것이다.

　팍파는 문자창제와 함께 티벳 불교의 설법을 전파하는 일도 맡았다. 쿠빌라이는 종교와 제정 불일치로 심각한 내부 갈등을 겪고 있던 티베트 문제를 해결할 적임자로 팍파를 생각했다. 쿠빌라이는 1264년 총제원總制院, 불교 사무와 티베트 지방 군정 사무 담당을 설립하고 29세의 팍파를 총제원 수장으로 임명해 티베트를 관할하도록 했다. 팍파는 티베트 불교의 지도자이자 행정 수장이 되어 정교 일치 사회의 티베트에 불교정권을 세운다.

쿠빌라이노믹스

염인, 중세의 달러

어느 날 갑자기 금속화폐가 지폐로 바뀐다면 어떻게 될까. 조선 시대의 상평통보를 사용하다가, 지금의 한국은행 발행 지폐를 사용하면 어떤 일이 일어날까. 모든 것을 예측할 수는 없지만, 화폐의 유통량, 유통 속도, 유통 장소가 대폭 늘어날 것만은 분명하다. 굳이 따로 설명할 필요가 없는 일이다. 금과 맞바꿀 수 있는 태환지폐兌換紙幣라면 훨씬 더 큰 변화가 따를 것이다.

여기서 기축통화의 개념이 성립된다. 패권국가의 화폐가 세계의 기축통화가 되는 경우를 말하는 것이다. 어렵게 생각할 것 없다. 달러를 보자. 미국은 금본위제 아래 발행원가가 얼마 되지 않는 달러라는 태환지폐를 찍는 것만으로 국부를 창출한다. 이치는 간단하다. 미국은 중앙은행을 통해 달러를 발행해 전 세계에 유통시킨다. 뿐만 아니라 달러로 전 세계에서 실물을 산다. 그런데 그 달러는 어떤 경로를 거치든 미국의 중앙은행으로 돌아와야 화폐로서의 기능을 하게 된다. 그 전까지는 그저 돌고 돌 뿐이다. 달러가 미국 중앙은행으로 들어오기 전까지, 미국은 현물을 무상으로 사용할 수 있다. 패권국가의 기축통화의 위력이란 이런 것이다. 패권국가가 기축통화를 발행해서 얻는 이익과 힘, 즉 발권력은 단순한 무역을 통한 이익으로는 도저히 따라갈 수 없다. 미국이 수출하는 것은 상품이 아니라 달러다. 그 같은 발권력은 막강한 군사력의 뒷받침이 있어야 한다. 패권국가만이 기축통화를 찍어낼 수 있고, 기축통화를 찍어낼 수 있는 나라만이 패권국가이다. 지금은 미국이다.

쿠빌라이의 대원제국은 어땠을까.

몽골은 쿠빌라이 시대 전부터 은銀본위제였다. 가장 확실한 거래수단이 은이었다. 몽골은 전통적으로 형제국가나 제국에 공을 세운 가문에게 땅과 가축, 군대를 나누어 주었다. 대원제국은 그 전통을 없애버리고 대신 은을 주었다. 위구르 출신 재상 아흐마드가 고안한 새로운 분봉 방식이었다.

적은 액수의 거래는 '교초交鈔'라는 지폐를 이용했다. 한국은행이 발행한 《우리의 화폐, 세계의 화폐, 1996년》는 "원의 교초는 대

영제국의 지폐보다 6백여 년 앞서 대량으로 유통된 지폐다"라고 설명하고 있다. 교초는 액면가가 그다지 높지 않은 일종의 생활 화폐였다. 은과 교초의 사용은 사실 일반적인 거래 수준에 불과했다. 대원제국은 전혀 새로운 발상의 태환지폐를 만든다. 염인鹽引. 대원제국이 발행했던 소금인환권이다. 염인은 은본위제에서 발행된 지폐다.

소금 전매권을 가진 국가가 업자로부터 은銀을 받고 소금인환권, 즉 염인을 매각한다. 염인을 제출하면 은, 정부가 생산한 소금, 또는 국가가 발행한 또 다른 지폐와 언제든 어디서든 얼마든 교환 받을 수 있었다. 염인은 액면가가 무한대여서 주로 대규모 상거래에 사용됐다.

큰 거래에 사용되는 은은 '실물'의 성격이 강했고, 교초는 지폐였지만 '너무 적은 액수'를 다룰 뿐이었다. 은과 교초의 단점을 해결한 화폐가 염인이다. 시일이 지나면서 염인의 기능은 점차 확대됐다. 염인을 오늘날의 달러에 곧장 비유하는 것은 무리이겠지만, 적어도 중세에 달러와 유사한 기능을 한 것은 틀림없는 사실이다.

쿠빌라이는 염인을 더욱 활발하게 유통시키기 위해 통과세제를 없앴다. 물자가 주요 교통로나 도시 항만 세관 등을 통과할 때마다 몇 번이고 세금을 물리던 종전의 제도를 폐지하고 물자를 마지막으로 판매한 곳에서 한번만 세금을 내도록 했다. 기본 세율은 30분

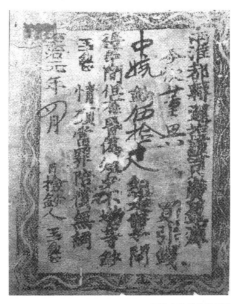
쿠빌라이 시대의 염인

의 1 – 3.3% – 이었고, 이는 해외무역에도 적용됐다. 세금이 확 줄면
서 상거래, 특히 제국 내에서의 원거리 통상이 활발해졌다. 통과세
폐지는 새로 뚫린 운하와 함께 경제번영에 결정적 역할을 했다.

　대원제국의 지폐 이야기는 고려의 기록에도 나타난다. 고려대학
교 문과대학의 정광 교수 국어국문학가 발굴해 펴낸《노걸대 老乞大,
김영사, 2004년》라는 책이 있다. '중국인님'이란 뜻의 노걸대는 고
려 시대의 중국어 학습서 교재이다. 대도북경로 물건을 팔고 사러
가는 고려 상인 3명이 길에서 우연히 만난 중국 상인과 동행하는

도중에 일어났다고 가상한 일들을 회화체로 기록한 것이다. 이 책에 나오는 위조지폐와 찢어진 지폐 이야기를 보면 당시 염인과 교초가 얼마나 활발하게 이용되었는지를 알 수 있다.

찢어진 돈은 필요 없으니 좋은 지폐를 주시오.

내 것은 다 좋은 지폐뿐입니다.

그럼 주머니에서 지폐를 꺼낼 테니까 모두 확인해보시오.

중개인이 먼저 확인해주시오.

당신이 파는 사람이니 스스로 확인하시오

이 가운데 나쁜 것은 한 장도 없네.

이 지폐는 다 확인해보았는데,

위조지폐인지는 나는 모르니까 당신이 도장을 찍어주시오

만일 나중에 못 쓰게 되면 중개인한테 바꿔달라고 할 것이오.

잠깐 기다리시오.

이 지폐가 진짜인지 가짜인지 우리 고려 사람은 알 수가 없소이다. 당신이 사용한 것이라는 증거로 도장을 찍어주면 안되겠소?

중개인 아저씨도 같이 보시오.

나중에 못 쓰게 되면 내가 중개인 아저씨에게 물어서 물리려고 합니다.

그러면 도장을 찍읍시다. 언제든 반드시 바꿀 수 있소이다.

경덕진, 에너지 혁명이 만든 세계의 공장

1975년, 전라남도 신안군 중도면 방축리 앞바다에서 한 어부의 그물에 도자기 6점이 걸려 나왔다. 뒤이은 문화재청의 조사 결과 무려 2만 661점의 도자기 청자 12,359점, 백자 5,303점 등와 수많은 동전, 금속제품이 바다 속에 묻혀 있었다.

신안 보물선은 1323년쯤, 대원제국 제9대 칸인 시데발라 영종英宗시대 중국 절강성 영파에서 출발한 배였다. 고려를 거쳐 일본으로 가던 무역선이었는데, 침몰된 배안의 백자 대부분은 강서성 경덕진에서 생산된 것으로 조사됐다. 경덕진은 남송의 수도 임안에서 내륙으로 300Km 떨어진 곳이다.

경덕진은 남송 시절에도 도자기를 생산하던 곳이다. 가내수공업적인 소량생산에 머물러 있던 경덕진은 쿠빌라이 시대에 이르러 유럽과 이슬람까지 아우르는 거대한 세계의 공장으로 발돋움한다. 도자기 생산을 관장하는 관청이 설치되고, 도자기 대량생산 시스템이 갖춰진 것이다.

경덕진을 출발한 도자기는 양자강과 전단강을 통해 항주에 닿고, 해안선에 위치한 영파를 거쳐 고려로, 일본으로, 이슬람으로, 유럽으로 수출됐다. 염인이 대원제국 금융시스템의 완결판이라면, 도자기는 대원제국 실물경제의 상징이다. 도자기는 대원제국

경덕진에서 생산된 청화백자

의 해외 수출품 제1호였다.

경덕진산 도자기에 가장 매료된 사람들은 이슬람인들이었다. 그
들은 청화백자를 대량으로 특별 주문했다. 청화백자는 흰 빛의 백
자와 푸른 빛의 청화가 조화를 이루어 빛을 내는 도자기다. 청화백
자의 인기가 날로 높아지자 이슬람 무역상인들도 신날 수밖에 없
었다. 통상국가를 지향하는 대원은 이슬람 상인들에게 든든한 후
원자 역할을 했다.

'오르타크 ortaq' 이슬람 상인들도 청화백자의 세계화에 한몫했
다. 쿠빌라이는 통상과 유통을 활성화시키기 위해 오르타크 상인

들을 이용했다. 그 덕택에 국가의 인허가認許可를 받은 오르타크들은 특허 회사에 가까운 지위를 누리며 청화백자를 유럽과 이슬람에 퍼 날랐다.

대량판매를 위해서는 대량생산이 필수적이다. 원은 송대의 도자 기술력에 대량생산의 산업력을 추가했다. 도자기 대량생산의 길이 열린 것은 에너지혁명 덕택이었다. 도자기는 1,200도 이상의 고열에서 구워야 한다. 나무를 때서 그 고열을 만들려면 경비가 이만저만 들어가는 게 아니다. 그런데 나무 대신 석탄을 이용하면 경비가 훨씬 줄어든다. 남송 시절에 개발된 석탄 기술은 대원제국 들어 널리 보급됐다. 거기에 해상무역의 확대, 주문생산 시스템 등이 완비되면서 도자기 생산력은 비약적 발전을 이룬다.

석탄을 난생 처음 본 마르코 폴로는 눈이 휘둥그레졌던 것 같다. 그는 석탄을 '검은 흙'이라 표현했다.

검은 흙은 저녁에 불을 붙여 놓으면 다음날 아침까지 타는 지속성을 갖춘 데다 나무보다 잘 타면서도 높은 열을 낸다. 또한 나무보다 비용도 적게 든다.

5장

세계를 뒤흔든 대원제국 쇼크

바다를 누비는
대원제국 무역선

정화의 대항해가 가능했던 이유

중국을 통일한 쿠빌라이는 바다를 통한 남해 원정을 시작했다. 후술하겠지만 원정 대장은 천주시박사이면서 대원제국 최대의 해상왕이던 포수경이었다. 그는 베트남, 태국, 버마, 자바, 수마트라에 이르는 원정을 수행했다. 말이 원정이지 군사작전이 아니었다. 경제적 이권 확보가 목표였다. 원정에 참가한 사람들도 대부분 자원자들, 주로 해상 무역상들과 이슬람 상인들이었다. 함대도 전투함이 아니라 무역선단이 주축이었다. 중앙정부는 원정계획, 작전 수행 그 어느 것에도 간섭하지 않았다. 무역상들의 경제활동은 내버려두는 게 상책이다.

원정함대는 영토정복에는 아예 관심이 없었다. 그들은 각국을 방문해 경제 교류를 하면 서로에게 도움이 된다는, 무역의 이점을 알리는 일종의 선전부대였다. 요즘으로 치면 자유무역을 제안하는 통상 사절단이었다. 동남아 각국은 열렬히 호응했다. 이 원정 결과 대원제국은 천주에서 동남아시아를 거쳐 이란의 호르무즈 등으로 이어지는 해상 무역 루트를 장악할 수 있었다.

그같은 대원제국의 항해 노하우와 무역시스템이 낳은 걸작품이 명나라 정화鄭和의 해외원정이었다. 정화는 이란계 소그드인 무슬림으로 중국 운남성에서 태어났다. 이후 명나라 영락제 시절 환관이 된다. 12세에 거세당하고 황실로 들어간 그는 영락제가 주원장의 뒤를 이은 조카 건문제―주원장의 손자―를 몰아낸 '정난의 변' 때 공을 세워 태감太監으로 발탁됐다

1405년, 대원제국의 몽골인들이 주원장세력에 밀려 초원으로 돌아간 지 37년 후다. 명나라의 3대 황제 영락제는 정화에게 해외 원정을 명한다. 건문제의 시체를 찾기 위해서였다는 등 원정의 배경에 대해서는 논란이 분분하지만 원정 과정이나 결과를 보면 무역활동이 주된 목적이었음이 분명하다.

정화 함대는 60여 척의 대형함선과 100여 척의 소선으로 구성됐다. 당시로서는 상상조차 힘든 어마어마한 규모였다. 승선한 장병 수가 무려 27,800명이나 됐다고 한다. 정화 함대 중 대장선은 '황

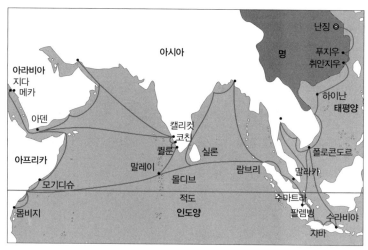

정화의 항해로

제에게 바칠 보물을 싣고 오는 배'라는 뜻에서 보선寶船으로 불렸다. 보선, 즉 정화가 탄 기함은 길이가 150미터, 폭이 60미터에 달했다. 오늘날의 학자들은 보선의 선적량을 3,100톤으로 추정한다.

87년 뒤에 있는 콜럼버스의 신대륙 항해 선단은 90명 정도가 탈수 있는 3척의 배로 구성됐으며, 기함 산타마리아호는 230톤에 불과했다. 1497년 바스코 다 가마가 인도를 향해 리스본을 출항할 때 동원된 선박 중 제일 큰 것이 700톤이었다.

정화는 7차에 걸쳐 항해했다. 18만 5천 킬로미터에 달하는 뱃길이었다. 처음에는 동남아 각국을 순방했지만, 나중엔 인도양과 페르시아만 연안 국가, 아프리카 동부 연안에까지 다녀왔다.

정화가 활약했던 바다에 유럽의 배들이 나타나기 시작한 것은 정화의 대항해보다 80~90년 뒤의 일이다. 바르톨로뮤 디아즈가 희망봉에 도달한 때가 1487년이었으며, 바스코 다 가마는 1498년 인도 서해안에 다다랐다. 정화 함대는 유럽인들의 대항해를 시기 뿐 아니라 규모면에서도 압도했다.

육지에 갇힌 동양, 바다를 차지한 서양

아이러니컬한 것은 체제정비를 마친 명나라는 해상활동을 강화한 게 아니라 중단시켰다는 사실이다. '죽의 장막'을 쳐 세계와 중화를 차단시킨 것이다. 명대에 더 굳건해진 만리장성은 육로를 막았고, 해금海禁정책은 바다를 막았다. 명은 몽골유목민들의 재침공에 대비하고 내부 결속을 다지는 등 국력을 북방으로 쏟은 것이다. 여진족과 몽골인들에게 시달릴대로 시달리다 간신히 나라를 되찾은 중국인들이어서 북방초원을 경계하고 두려워한 것은 당연한 일이었다.

어쨌든 정화의 대항해는 아시아인들에 의한 마지막 대항해였다. 국가가 해상활동을 금지시키자 명나라의 민간인들은 해외로 진출했다. 화교華僑는 그렇게 탄생됐다.

해외무역의 맛을 본 민간인들은 명나라 정부의 해금정책에도 불구하고 바다를 버리지 못했다. 해금정책 초기엔 정부의 눈을 피해 암암리에 진행됐다. 시일이 지나자 민간인들은 드러내놓고 정크선을 타고 동남아시아와 인도방면을 누볐다. 이슬람 상선은 중국 바다를 넘어 인도양까지 활발하게 내왕했다.

그 산물로 동남아시아는 급속하게 화교의 땅이 되어갔다. 그리고 절반은 중국 무슬림, 절반은 인도방면의 이슬람 상인세력이 진출한 결과 급속하게 이슬람화도 진행했다.

인류사의 반전은 바로 그 지점에서 시작됐다. 명이 몽골 쇼크에서 벗어나려고 안간힘을 쏟는 사이 바다는 유럽인들의 수중에 넘어가 그들의 대항해 경쟁장이 됐다. 그로부터 유럽은 비약적 발전을 이루고, 동양은 우물 안 개구리로 전락한다.

처음 유럽에 대원제국 쇼크를 전한 사람들은 여행가들이었다. 마르코 폴로가 대표적인 인물이다. 콜럼버스는 마르코 폴로가 전한 대원제국을 찾아 나섰다. 그런데 대원제국 쇼크가 유럽에만 몰아친 게 아니다. 충격을 받기는 무슬림도 유대인도 마찬가지였다.

그들은 세계를 오가는 여행가가 됐다. 여기서 그들의 일부가 남긴 기행문의 역할을 생각해보자.

지금은 너나 할 것 없이 쓰는 게 기행문이지만 700년 전의 중세를 상상해보라. 까마득하게 먼 나라, 도저히 알 수도 없고 갈 수도 없는 나라를 다녀와 깨알 같이 기록한 기행문이 얼마나 많은 사람들의 마음을 설레게 하고 사고의 새로운 지평을 열었으며, 모험과 도전 정신을 길러 줘 급기야 역사를 바꾸었는지를. 기행문은 새로운 문학 장르 차원을 훨씬 뛰어넘는다. 당시만 해도 인류에게 가장 영향을 준, 정보와 지식의 전달수단이었다.

그들이 남긴 기행문들을 보면 오늘의 세계문명을 주도하고 있는 유럽인들 그리고 아랍인들, 유대인들을 충격의 도가니로 몰아넣었던 대원제국의 모습이 생생하게 그려져 있다.

유럽인들, '왕 중 왕'을 찾아나서다

콜럼버스의 최종 목적지는 대원제국이었다

섬 주변을 일주하여 그 추장을 찾아가 이야기를 나누면서, 그가 몸에 지니고 있는 황금을 얻을 수 있는지 알아볼 생각이다. 그 다음에는 나와 동행하고 있는 인디오들에게 들은 정보를 근거로 판단해 볼 때 지팡고 섬이 분명한 또 다른 섬으로 갈 예정이다. 인디오들은 그 섬을 콜바Colba라고 불렀다. 그들의 말에 따르면 그 섬에는 매우 큰 배와 뱃사람들이 많이 있다고 한다. 또 섬의 규모도 아주 크다고 한다. 그 섬에 들른 다음에는 보이오Bohio라는 섬으로 갈 생각인데, 그 섬의 규모도 역시 무척 크다고 한다. 가는 도중에 그 사이에 있는 다른 섬들도 살펴볼 예정이지만, 그곳에 황금이나 향료가 얼마나 많이 있느냐에 따라 향후 계획을 결정할 것이다. 그러나 대륙, 즉 킨사이Quinsay 시로 가서 두 분 폐하의 친서를 그레이트칸에게 전하고, 그의 답신을 받은 후에 돌아간다는 계획에는 변함이 없다.

1492년 10월 21일 일요일에 쓰여진 콜럼버스의 항해 일지이다.

신대륙 발견으로 유명한 1492년, 그해 8월 3일 콜럼버스와 90여 명의 선원을 태운 세 척의 배—산타마리아호, 니냐호, 핀타호—가 스페인의 팔로스항을 출발한다. 그리고 10월 12일 바하마제도의 와틀링섬에 도착한다. 콜럼버스가 인류사에 기록되는 날이다. 그는 죽을 때까지 그곳이 인도의 서쪽쯤 되는 것으로 생각했다. 그래서 그는 현지인들이 콜바섬—지금의 쿠바—이라 부르는 땅을 마르코 폴로가 금은보화로 가득찬 나라라고 소개한 지팡구—일본—로 알았다.

콜럼버스가 일지에서 말한 '폐하'는 스페인의 이사벨라 여왕 부부이고, '칸'은 몽골 유목민의 최고 지도자를 뜻한다. 그레이트 칸. 콜럼버스는 "그레이트칸은 에스파냐 말로 '왕 중 왕'을 의미한다"고 적고 있다. 콜럼버스가 동방을 향한 항해에 나선 것은 이 '왕 중 왕'을 만나 이사벨라 여왕 부부의 친서를 전달하기 위해서였다.

콜럼버스가 동방에 대한 꿈을 꾼 것은 이미 백여 년 전에 출간된 마르코 폴로의 《동방견문록》을 읽고 얻은 감동 때문이었다. 콜럼버스는 기대에 부풀어 동방을 향해 출항했다. 부푼 꿈은 10월 30일 화요일의 일지에도 잘 드러나 있다.

> 내 생각에는 우리가 적도에서 북위 42도 지점에 있는 것 같다. 나는 그레이트칸을 찾으려고 노력할 것이다. 그는 멀지 않은 곳, 그의 영토에 속하는 카타이Cathay 시에 도착해 있다고 믿는다. 내가 에스파냐를 떠나기 전에 들은 바로는, 그 도시는 매우 크다고 한다. 이곳의 땅은 모두 지대가 낮고 아름답다. 바다는 수심이 깊다.

키타이는 거란을 뜻하는 말로, 몽골인들을 거란족으로 알았던 유럽인들이 부른 이름이다. 콜럼버스는 그 키타이를 카타이로 잘못 기록했다.

어떻든 《동방견문록》의 애독자였던 콜럼버스는 서쪽으로 항해하면 마르코 폴로가 언급한 황금에 뒤덮인 궁전에 왕이 살고 있는 나라 지팡구에 도달할 것이라고 생각했다. 거기에서 대칸이 사는 도시 칸발리크―원의 대도를 칸이 사는 도시라 하여 그렇게 불렀다―까지도 어렵지 않게 갈 수 있을 것으로 예상했다.

항해를 떠나기 앞서 책을 구해 읽은 콜럼버스는 책의 여백에

100개가 넘는 메모를 남겼다. 콜럼버스의 관심사는 동방과의 교역 가능성이었다. 그는 '칸발리크'라는 단어 옆에 '헤아릴 수 없이 막대한 교역량mercacciones innumeras' 이라는 구절을 써 놓았다. 그의 항해일지 앞머리에도 대칸을 만나겠다는 의지가 적혀 있다.

그런데 충격적인 사실은 콜럼버스가 항해에 나섰을 때는 대원제국이 멸망한지 124년 후의 일이라는 것이다. 1368년에 망한 나라를 찾아 1492년에 출항했다니 코미디 같은 일이다.

마르코 폴로, 대원제국에서 17년간 생활하다

기록으로만 보면 이탈리아 도시국가 베네치아의 상인 마르코 폴로는 장거리 세계여행과 기행문 분야의 선두 주자다. 훌레구의 일칸국이 500년 전통의 이슬람 압바스조를 무너뜨리고 장막을 걷어내자 유럽과 동양이 가까워진다. 그 몽골 루트를 따라 마르코 폴로가 삼촌과 함께 동양에 온다.

홀과 방과 통로가 짐승과 새와 나무와 꽃과 온갖 사물의 그림과 이미지로 온 가득 훌륭하게 꾸며져 있었다. 얼마나 멋지고 기묘했던지 감상하는 것 자체가 환희이자 경이였다.

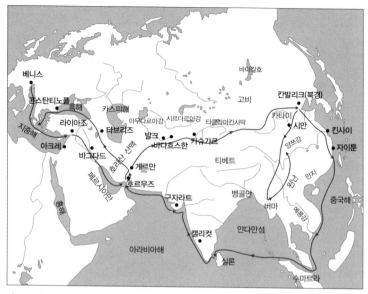

마르코 폴로 여행로

대원제국에 도착한 그는 경악을 금치 못한다. 지금껏 본 그 어떤
나라와 어떤 도시보다 화려한 신천지였다. 그가 상도에 도착한 것
이 1275년 5월, 쿠빌라이의 치세가 자리를 잡아가는 중이었다. 그
는 쿠빌라이를 면담하고 원에 머물 수 있도록 허락받는다. 쿠빌라
이는 그에게 3년간 양주 지방 군수를 맡기는데, 마르코 폴로는 17
년을 원나라에서 생활한다. 1292년, 대원제국의 공주가 일칸국으
로 시집을 가는데, 마르코 폴로는 그 공주를 호위하며 아랍으로 갔

다가 고향으로 돌아간다. 대원에서 중동까지는 바닷길을 택했다.

고향에 돌아간 마르코 폴로는 마침 조국이자 도시국가였던 베네치아가 지중해 지배권을 놓고 또 다른 도시국가인 제노아와 벌인 전쟁에 참전했다가 포로로 잡혔다. 포로수용소에 갇힌 마르코 폴로는 자랑삼아 여행담을 떠들었는데 함께 수감된 피사 출신 작가 루스티첼로가 이를 받아 적어《동방견문록》이라는 베스트셀러가 만들어졌다고 전해진다. 그 책의 원작 이름은《백만의 서書》《세계에 대한 기술》로 알려져 있다. 동방견문록은 그 속칭이다.

칸발리크대도를 찾아오는 외국 손님을 위해 준비된 창녀가 2만이 넘는다.
킨사이항주 한 곳에서만 사용되는 후추의 양이 매일 43대의 수레에 싣는 양이다.

마르코 폴로의 별명이 밀리오네Milione, '백만장자'였다고 한다. 부자라는 뜻보다 자신의 견문을 이야기할 때 걸핏하면 '백만百萬'을 운운했기에 떠벌이, 허풍쟁이라는 의미로 붙여진 별명이다. 그가 여행기에 쓴 모든 곳을 다 다녀 봤는지에 대해서는 아직도 논란이 있다. 다소 과장이 있고 후대 사람들이 더 부풀렸을 수도 있다.

그럼에도 불구하고 마르코 폴로 여행기는 인류 역사에 커다란 족적을 남긴 작품이다. 신대륙 발견에 결정적 영향을 미쳤기 때문이다.

아랍인, 정치 없는
경제 도시의 위력에 놀라다

이븐 바투타, 30년간 아시아 유럽 아프리카를 여행하다

탕헤르는 모로코 왕국 서북단의 항구도시이다. 그곳의 베르베르 계 라와타Lawatah 부족 가문에서 태어난 이븐 바투타는 홀로 메카 순례와 동방세계 여행을 결심하고 대장정에 나섰다. 그때가 1325 년 6월 14일, 그는 그 후 1354년 1월까지 무려 28년 7개월 동안 아시아 아프리카 유럽의 3대륙 10만 킬로미터를 종횡무진 누비고 다녔다. 마르코 폴로보다 유라시아 대륙을 더 넓게 여행한 사람이 이 븐 바투타이다.

그가 여행하면서 보고 들은 것을 연대기 형식으로 기술한 책이 《이븐 바투타의 여행기》이다. 원 제목은 《여러 지방의 기사奇事와 여러 여로旅路의 이적異蹟을 목격한 자의 실록實錄》이다.

다음은 그의 항주에 대한 기록이다. 먼저 지폐 이야기이다.

중국 사람들은 디나르금화나 다르함은화 같은 금은경화金銀硬貨를 사용하지 않는다. 금은경화는 생기기만 하면 앞에서 말한 것처럼 주조하여 덩어리를 만든다.

매매는 지폐Kaghid를 통해 이루어진다. 지폐는 손바닥 크기의 종이조각인데, 술탄—칸의 이슬람식 호칭—의 옥새玉璽가 찍혀 있다. 25장을 발리슈트balisht라고 부르는데, 우리의 디나르란 뜻이 되겠다.

만일 지폐가 사람 손에 의해 찢어지거나 하면 우리네의 전폐소錢幣所 비슷한 곳에 가지고 가서 해진 것을 주고 새것으로 바꾼다. 교환할 때에는 수수료 같은 것은 전혀 지불하지 않는다. 왜냐하면 이러한 교환업무를 맡아보는 사람들의 생활비는 술탄으로부터 지급되기 때문이다. 이 교환소는 한 고위 아미르가 위임받아 관장하고 있다.

만일 어떤 사람이 은화銀貨다르함나 금화金貨디나르를 가지고 시장에 가서 물건을 사려고 하면 시장에서는 받지도 않거니와 거들떠보지도 않는다. 발리슈트로 환전해야 필수품을 구입할 수 있다.

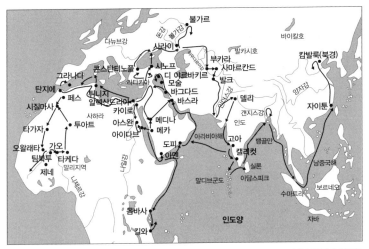

이븐 바투타 여행로

마술사에 대한 이야기도 눈길을 끈다.

　그날 밤 한 마술사가 왔다. 그는 나무공 하나를 꺼냈다. 공
에는 긴 줄이 달린 구멍이 하나 나 있다. 그는 줄을 잡고 공
을 하늘로 던졌다. 공이 계속 올라가더니 급기야는 시야에서
사라졌다. 무더운 날씨에 우리는 응접청의 한가운데에 앉아
있었다. 마술사의 손에 쥐어 있는 줄이 얼마 남지 않았을 때,
그는 제자 아이를 불러 그 줄을 타고 하늘로 올라가게 하더
니 그 역시 보이지 않는다. 세 번씩이나 불러도 대답이 없다.
그러자 성난 사람처럼 손에 칼을 들고 줄에 매달려 올라가더

니, 그 역시 보이지 않는다. 이윽고 그는 제자의 잘린 손을 땅바닥에 떨어뜨린다. 계속해서 그의 잘린 발과 다른 한쪽 손을, 또 다른 한쪽 발을 떨어뜨린다. 그리곤 마지막으로 제자의 몸통과 머리까지 땅바닥에 떨어뜨린다.

그리고 나서야 마술사는 헐떡거리면서 내려왔는데, 옷은 피로 흥건히 물들어 있다.

마술사가 제자의 사시를 수섭주섬 모아서 붙여놓고는 발길로 한번 툭 차니, 제자 아이는 곧바로 일어섰다. 나는 놀라지 않을 수 없었다. 내가 일찍이 인도에서 이러한 괴상怪常을 볼 때와 마찬가지로 내 심장은 방망이질을 했다. 그들이 주는 약을 먹고서야 가까스로 진정됐다.

인구 1백만의 지상 최대 도시 항주

이븐 바투타의 여행기 중에서 우리가 진짜 주목해야 할 부분은 따로 있다.

이 도시는 지구상에서 내가 본 가장 큰 도시이다. 길이만도 3일 거리로, 시내를 관광하려면 도중에 숙박을 해야 한다. 이 도시는 중국식 건축양식을 따르고 있다. 즉 사람들에게는 저마다 화원과 주택이 따로 있다. 시내에는 3개의 강이 관류하고 있다. 그중 하나는 대하大河에서 흘러오는 운하다. 이 운하를 통해 작은 배들이 도시에서 각종 식품과 석탄을 운반해 온다. 운하에는 유람선도 다닌다. 운하에는 숱한 배들이 다니고 있다. 가지각색의 돛과 비단차양을 갖춘 배들은 대단히 우아하게 칠을 했다.

동방 여행 기간 중 항주에서 가장 오래 머물렀던 마르코 폴로 역시 자신의 눈을 의심했다.

킨사이 — 항주 — 는 세계에 유례가 없는 최고의 도시이다. 거기에는 너무나 다양한 즐거움이 있어서 천국에 있는 것이 아닐까 하고 환상할 정도이다. 프랑스어로 '천상의 도시'를 뜻하는 킨사이는 세상에서 가장 당당한 최고의 도시임이 분명하다. 킨사이 시의 주위는 100마일인데, 그곳의 운하들은 매우 넓고 크다. 시내 어느 곳에서나 물으로 혹은 이 수로를 통해 다닐 수 있으며, 거리와 운하는 넓고 커서 배가 손쉽게 다닐 수 있고 수레는 주민들에게 필요한 물건들을 싣고 다닐 수 있다.

마르코 폴로는 '킨사이'를 '천상의 도시'를 뜻한다고 적고 있지

운하의 종착역 항주. 파리국립도서관 소장

만 이론도 있다. 다른 기록들은 '킨사이'를 임시 수도를 뜻하는 '행재行在'의 음역이라고 한다. 당시의 항주는 남송의 수도 임안인데, 임안이 송나라의 옮겨온 임시 수도라 하여 '행재行在'라 불렸다.

어쨌든, 항주는 바다도시라고 불리는 이탈리아의 베네치아와는 비교도 되지 않는 거대 도시였다. 당시 베네치아의 인구는 6만 여 명, 항주는 100만 명의 도시였다. 이븐 바투타와 마르코 폴로가 본 항주는 남송이 멸망하고 몽골의 수중에 들어간 1279년 이후의 모습이었다.

멸망당한 나라의 수도가 점령한 나라 아래서 더 활기찰 수 있었던 이유가 무엇일까? 한마디로 정치 없는 경제도시였기 때문에 가능한 일이었다.

1276년의 몽골군의 항주 진주는 '정복'이라기보다 '접수'라는 어휘가 어울렸다. 금나라, 북송, 남송, 몽골. 100년 이상 계속된 전쟁이 종식된 대륙은 몽골정권 아래서 약동하기 시작했다. 곳곳에서 개발 사업이 착수되고 개혁이 단행되고 규제가 철폐됐다. 경제가 번영을 향해 질주하기 시작했다.

항주는 경제부흥과 경제번영을 상징하는 대표적인 도시였다. 옛 남송의 수도이자 경항대운하의 남쪽 종착역인 항주. 이 도시가 이민족 정권인 대원제국 아래서 지상최대의 경제도시로 새롭게 도약한 것이다.

유대인, 마르코 폴로보다
먼저 대원제국을 찾다

야콥 단코나, '빛의 도시'를 보다

앞서 거론한 야콥 단코나는 마르코 폴로보다 1년 먼저 자이툰, 즉 천주泉州에 도착한다. 자이툰에 대한 그의 기록은 마르코 폴로나 이븐 바투타보다 훨씬 정확하고 자세하다는 평가를 받고 있다. 먼저 그의 여행기《빛의 도시》에 나오는 공장과 상점 부분이다.

수백 명의 남녀 직공이 함께 어우러져 일하며 금속제품과 도자기 화병, 비단과 종이 등을 만드는 큰 공장들이 도처에 산재해 있다. 그런 공장 가운데 일부는 1,000명의 직공을 고용하고 있어 그 작업하는 모습이 장관을 이룬다.

중국어로 '타츠웨이니'라고 부르는 종이로 만든 문서와 소책자를 구할 수 있는 상점도 많이 있다. 글씨는 먹물로 쓴다. 이 같은 소책자의 가격은 싸기 때문에 세상물정을 알고 싶어 하는 사람들이 많이 산다.

전단지 이야기도 흥미롭다.

빛의 도시에서는 천자의 대신들은 물론이고 도시의 고위관리들이 내린 명령과 결정사항을 적은 대형 벽보인 방문榜文을 매일 시내 곳곳에 붙인다. 일반 시민들도 자기네 활동 내용과 기타 필요하다고 생각되는 소식을 전단으로 만든다. 이런 민간의 전단은 무료로 집어갈 수 있다.

오늘날의 무가지와 비슷한 잡지가 있었다는 것이 놀랍다. 술집 풍경도 시선을 모은다.

사람들이 많이 찾는 곳 가운데 하나가 주점酒店인데 평판이 좋은 사람이나 비천한 사람이나 모두 드나든다. 술집에서는 남녀가 함께 춤을 추는 곳도 있다. 또 생선 요리나 잘게 말린 약초를 뜨거운 물에 우려서 음료수로 내놓는 곳도 있다.

중국말로 '와스瓦市'라고 불리는 거리에는 이야기꾼과 가수, 창녀들이 성업중이라고 한다.

빛의 도시에는 좋은 것과 나쁜 것이 그 유례를 볼 수 없을 만큼 많다. 이 도시는 심야에 통행금지가 없어서, 남자들이 각종 오락과 쾌락을 즐길 수 있는 거리는 다음날 해가 뜰 때까지 사람들로 붐빈다. 자이툰의 많은 주민들은 자기 집 대문과 마당에 등불을 밝히며 밤에 행인들도 초롱을 수없이 많이 들고 다닌다. 그처럼 많은 등불을 켜기 때문에 도시 전체가 어디를 가나 환하다.

여행기 곳곳에 독실한 신자의 모습을 보이는 야콥 단코나는 술집 풍경을 전하면서 경악을 금치 못한다. 현대인으로서는 실소를 금치 못할 일이지만, 700년 전의 중세임을 생각하면 단코나의 놀라움이 이해가 된다.

빛의 도시에서 '강변 제3구역'이라고 불리는 그곳은 지극히 불결한 쾌락을 찾는 사람들만이 가는 곳이다. 이곳은 도처에 환하게 장명등을 걸어 놓았으나 가장 사악한 영혼들만이 도피처로 삼는 곳이다. 내가 피치 못한 사정으로 이런 곳에 들어간 것을 하느님께서는 용서해주시리라.

이곳에서도 계급에 상관 없이 남녀들이 어울려 희롱한다. 그들은 남의 시선을 부끄러워하지 않는다. 이 도시 주민들 말로 꽃이라고 불리는 화류계 여자가 대단히 많아 그 수를 헤아릴 수가 없을 정도이다. 그들 중 일부는 자색이 뛰어나고 음탕하기 짝이 없다. 몸종들이 그들의 몸을 치장해주고 향수를 뿌려준다. 천박하고 타락한 여자들은 남자의 쾌락을 위해서 무슨 짓이든 한다.

자이툰의 타락상은 극에 달해서 창녀들 가운데 가장 아름다운 여자를 남녀 주민들은 여신으로 떠받든다. 그런 창녀들이 외출을 하면 사람들이 그 뒤를 따른다. 젊은이들은 그들의 의상과 화장 색깔을 모방하는 데에 그치지 않고 그들이 말하거나 노래할 때의 목소리까지 흉내낸다. 따라서 창녀들은 매춘행위에도 불구하고 나쁜 평판을 듣지 않는다. 그들도 자신의 생활을 떳떳하게 생각한다. 그들은 오히려 하늘의 여왕처럼 당당하게 나다니고 귀족들 가운데서 신랑감을 찾는다.

이란 출신 해상왕 포수경

야콥 단코나의 천주 여행기에 매우 특이한 직책 하나가 등장한다.

과거에 인도에서 뱃길로 온 상인들은 자신의 대리인이 '시박사市舶使'의 비위를 못 맞췄을 경우 진주와 보석류, 금과 은 같은 귀중품에 대해서는 5퍼센트의 세금을 물렸고 향신료는 10~20퍼센트, 직물은 15퍼센트의 세금을 냈다.

시박사. 야콥 단코니가 말하는 이 시박사가 해상왕 포수경蒲壽庚이다. 포수경은 이란 출신으로 선조 때 중국으로 이주해왔다. 포蒲는 아랍어 'Abu'의 음역이다.

포수경은 세계 최대의 무역항 자이툰의 시박사였다. 그는 아랍 상인 선단을 거느린, 남송 정부의 직속함대를 제외하면 가장 강력 해상 무역세력의 총수였다. 당시는 남송이 멸망하기 전이다. 포수경세력은 천주를 중심으로 중국 동남부의 연안도시를 장악하고 있었다.

포수경은 해외 정보에 밝아 상인이면서도 천주시박사라는 관직을 겸하고 있었다. 시박사직을 맡으면서 경제력은 더욱 커킨다. 그는 천주에 난입한 해적들을 소탕하고, 그 공로로 복건제거시박사직도 겸임한다. 제거시박사는 화물 수출입 감독, 세금 징수, 무역 등을 관할했다. 포수경은 남송의 해안지방에서 재정과 군사력, 권력을 한손에 거머쥐게 됐다.

포수경의 말 한마디에 따라 무역상들의 출입회수가 바뀌고 국가의 관세수입이 오락가락했다. 그는 경제권과 함께 정치력까지 키워나갔다.

그러던 어느 날, 이상한 소식이 들려오기 시작했다.

"몽골의 침공으로 남송의 수도 임안이 정복될 것 같다."

소문은 사실이었다.

수도 임안이 함락되자, 남송 황제 일행이 임안을 빠져나와 천주의 포수경을 찾아온다. 남송 정부의 비호 아래 성장한 포수경이 버티고 있는 천주는 황제 일행이 기댈 마지막 보루였다. 넉넉하고 안정된 세수稅收가 보장된 천주. 그들은 천주에서 여생을 보낼 수 있다는 환상까지 갖고 있었다.

포수경은 선택해야 했다. 남송 황제를 끌어안고 대원제국에 저항할 것인가, 자신을 키워준 남송을 버릴 것인가. 그는 주저없이 남송 황제 일행을 추방해 버렸다.

포수경은 이어 배 수천 척을 이끌고 쿠빌라이에게 투항했다. 쿠빌라이는 쌍수를 들어 환영했다. 포수경의 투항은 해상 무역세력을 통째로 얻는 것이었다. 천주는 쿠빌라이의 후원을 받는 포수경 아래서 더욱더 눈부시게 도약한다.

야콥 단코나가 본 북적이는 시장통은 대원제국의 자유무역이 만든 성과물이었다.

나는 베네치아에 큰 장이 설 때보다 더 많은 군중이 거리를 오가는 것을 보았다. 사람들로 큰 혼잡을 빚는 바람에 세상이 뒤집혀 아수라장이 된 것처럼 느껴졌다. 빛의 도시의 거리에는 수천 대의 우마차와 손수레가 끊임없이 왕래하여 사람의 얼을 뺄 정도로 시끄럽고 번잡하다. 빛의 도시 주민들은 일찍 일어나 사업일을 보러 다니기 때문에 시내에는 새벽부터 하루 종일 인파로 붐빈다. 그 많은 사람들이 먹기에 충분한 식량이 도시 안에 있다는 사실이 믿기 어려울 정도이다.

새벽이 되면 음식을 파는 노점들은 사람들로 북새통을 이룬다. 행인들은 양고기와 거위고기, 여러 가지 탕 종류와 뜨거운 음식을 사서 먹는다. 무슨 근심이 있거나 일행을 잃어버린 것처럼 바쁘게 돌아다니는 사람들도 있고 음식을 먹으면서 걸어가는 사람도 있다. 확실한 목적이 있는 사람들도 있지만 할 일이 없는 사람도 많다. 거리가 너무 혼잡하여 항아리를 들고 가던 남자들끼리 부딪혀 한 쪽 사람이 넘어지면서 항아리를 떨어뜨려 깨뜨리는 광경도 보았다.

시간이 지날수록 거리의 인파는 점점 많아져 그 수를 헤아릴 수가 없을 정도로 인산인해를 이루었다. 부자와 빈자, 남자와 여자, 주인과 하인, 귀족과 악한, 현지인과 외국인, 비단옷을 입은 사람과 넝마를 걸친 사람이 뒤섞인다. 비단을 짜거나 옹기를 굽는 공장에서 일하는 사람들도 있고 술집이나 상점에서 일하는 사람도 있다. 여러 종류의 상인과 음식 장사도 있고 부랑자와 이발사도 있다.

이 도시의 상점 수는 세계의 어느 도시보다 많으며 향신료를 비롯하여 비단, 보석, 술, 고약 등 각종 상품을 모두 취급한다. 나는 고약을 대량 구입했다. 이 도시의 시장에서는 감기약과 해충을 쫓는 연고, 쓸개의 질병 치료에 쓰이는 약재, 여자의 눈 화장용 안료도 구할 수 있다. 어느 거리는 비단을 파는 상점 일색이다. 그 거리에서는 200가지 이상의 비단이 거래되는데, 그 기술을 보면 탄성이 절로 나온다. 또 한 거리에는 금은 세공품 상점만 들어서 있다. 약재상만 있는 거리가 있는가 하면 점성술사들이 모여 사는 거리도 있다.

시장에서는 사람들의 혼을 빼는 아우성 소리와 오가는 마차와 우상의 홍수 속에서 수천 명의 상인들이 금과 은괴, 은화, 지전紙錢으로 상거래를 하고 있다. 사람들은 광란에 빠진 것처럼 소리를 질러대고 부자들은 목청을 돋우어 자기 주장을 하며 빈자들은 분노와 슬픔에 빠져 있다. 이처럼 아비규환의 도가니가 된 시장에서는 하느님의 천둥소리도 들리지 않을까 두렵다. 그리하여 사람들은 가축떼처럼 무리를 지어 우왕좌왕한다. 남자들은 나름대로 용모가 준수하지만 수염이 성글어 고양이 수염 같고 여자들은 이 세상에서 가장 아름답다. 하느님, 제 말을 용서하소서.

대도를 오가는 고려인들

통혜하에 감탄한 고려인

고려는 가장 길게 보면 93년간 몽골의 간섭을 받았다. 1259년 몽골에 항복했고 공민왕 5년인 1352년 배원정책을 선언했다. 쿠빌라이가 1271년 대원이란 국호를 택했으니 대원제국 간섭기간만 따진다면 81년이다. 그 기간동안 고려와 대원 간에는 활발한 교류가 이뤄졌다. 고려인들이 남긴 그 때 기록 일부를 소개한다.

고려 《가정집稼亭集》은 대원제국 말기 원의 관리를 지낸 이곡李穀:1298~1351의 시문집으로, 그의 아들인 목은牧隱 이색李穡이 편집해 만든 책이다. 이곡은 개보수한 통혜하를 구경한 느낌을 이렇게 적고 있다.

통혜하

운하의 물을 굽어보며 돌아갈 줄 몰랐나니 臨河望水久忘還
몇 개월 사이에 만세의 공적이 이루어졌네 萬世功成數月間
이미 선박을 내보내 사해에 통하게 한 위에 已遣舟航通四海
다시 성시를 굴착하여 서산에 이르게 하였다오 更穿城市抵西山
탁류가 미친 듯 쏟아져도 끄떡없는 제방이요 濁流狂囓隄防密
수문은 크게 입을 벌려 조절하면서 토해 내네 金口高呀吞吐慳
이제는 거상이 운하로 다투어 배 타고 들어와서 共說巨商爭道入
도성의 관문까지 날아오리라 누구나 말을 하네 檣烏飛到五門關

보따리 장수

앞서 본 고려의 중국어 회화학습서 《노걸대》에는 700년 전 대원 제국의 모습이 곳곳에 실려있다. 당시 고려 상인들은 원의 대도에서 고려 물품을 판 뒤, 고려로 되돌아가 팔 원나라 물품들을 구입한다. 그런데 그 아이템이 매우 다양하다.

모자의 빨간 술 100개, 유리구슬로 만든 갓끈 500목, 마노구슬의 갓끈 100목, 호박구슬의 갓끈 100목, 옥으로 만든 갓끈 100목, 향료구슬의 갓끈 100목, 수정구슬의 갓끈 100목, 산호구슬의 갓끈 100목, 큰 바늘 100쌈, 작은 바늘 100쌈, 푸른색의 정패가 100벌, 족집게 100개, 소목 100근, 털모자 100개, 끝이 뾰족한 종려나무 껍질 모자 100개, 호박으로 만든 정자 100벌, 모자를 잡아매는 술 100벌, 동그란 종려나무 껍질 모자 100개, 종려껍질 섬유로 짜서 만든 모자 100개, 향기나는 바르는 분 100갑, 붉은 면연지 100근, 밀납에 든 연지가 100근, 원료분 100근, 소의 뿔로 만든 작은 함이 100개, 사슴 뿔로 만든 작은 함 100개, 수놓는 바늘 100쌈, 대추나무로 만든 얼레빗 100개, 황양목으로 만든 얼레빗 100개, 큰 참빗 100개, 서캐를 빗어 빼내는 참빗 100개, 무두질한 양가죽으로 만든 바늘 통 100개, 크고 작은 칼 100벌, 이중 칼집의 칼

100자루, 여러 가지 용도로 사용할 수 있는 칼 10자루, 종이 자르는 가느다란 칼 10벌, 여자가 사용하는 호신용 단도 10개, 다섯 가지 도구가 들어간 칼 10벌, 장기가 10세트, 바둑 10벌, 쌍육 10벌, 다갈색 무늬를 봉 박아 넣은 옷감으로 만든 검은 띠 100개, 자주색 명주로 짠 끈 모양의 띠가 100개, 마구리를 맬 수 있는 배낭 100개, 머리 깎는 칼 100개, 가위 100개, 송곳 100개, 큰 저울 30벌과 작은 저울 10벌.

다시 굵은 무명 100필, 순금을 넣어 짠 무늬 없는 비단 100필, 질 나쁜 금을 넣어 짠 비단 100필. 어린아이들을 위한 작은 방울 100개, 말의 턱 아래 가슴걸이 100개, 감철로 만든 허리띠에 매다는 고리 100개…

《노걸대》에는 인삼을 팔러 온 고려인과 중국 상인의 대화도 수록돼 있다. 당시엔 인삼과 모시 등이 고려의 수출품이었고, 면화와 비단은 대원에서 수입했다. 문익점이 목화씨를 가져온 것은 그 후의 일이다.

고려에서 어떤 물건을 가져왔소?
말을 몇 마리 끌고 왔소이다.
다른 것은 어떤 것이 있는가?

특별한 것은 없지만, 인삼과 모시와 삼베 천이 조금 있소이다.

지금 값이 어떻소?

값은 평소와 같다네. 인삼은 물건이 떨어져서 좋은 가격일세.

지금 팔면 얼마나 받을 수 있소?

전에는 한 근에 열닷냥밖에 안됐는데, 지금은 파는 물건이 없어 반정半定－스물다섯 냥－에 사겠다고 해도 어디에도 없다네. 당신 인삼은 어디 인삼인가?

내 것은 신라삼新羅蔘이오.

신라삼이라면 더욱 좋지. 파는 데에 무슨 걱정인가?

《고려사高麗史》에는 충혜왕이 사적으로 원과 무역을 했다는 기록이 나온다. "밤에 왕이 상인들에게 내탕內帑에 있는 보물을 맡기어 원에 가서 판매하게 하였으며, 그에게 장군의 벼슬을 주었다." 내탕의 보물은 왕실 재산을 관리하는 관서, 즉 국가 창고를 말한다.

외할아버지 쿠빌라이를 만나러 가는 고려 세자

고려 충렬왕은 쿠빌라이칸의 사위다. 부인인 제국대장공주－몽골 이름은 코톨록 케이미시－가 쿠빌라이의 둘째 딸이다. 공주 사망 후

7년이 지난 1300년 충렬왕은 대원의 상도上都에서 열린 '지손연只
孫宴'에 참석했다. 《고려사절요》에 그 기록이 남아있다.

> 1300년 임자일에 충렬왕이 상도에 이르니, 황제가 '지손
> 연'을 크게 베풀었다. 지손이란 중국말로 '빛깔'이라는 뜻인
> 데, 연회에 나오는 사람이 의관을 모두 같은 빛깔로 하는 것
> 이다. 충렬왕이 연회에 참석하였는데, 왕은 여러 왕과 부마들
> 가운데서 좌석의 차례가 넷째 번이었고 총애가 특별하였다.

당시 고려의 왕은 원의 대칸을 비롯한, 주변국 칸의 딸과 혼인하
는 대원제국의 부마였다.

충렬왕에게 16세에 시집온 코톨록 케이미시 공주는 친정아버지
인 쿠빌라이를 빼닮은 아기를 낳았다. 몽골 황실은 이 아이에게 어
린 황소라는 뜻으로 이데르 보카Ider Bukha라는 이름을 내렸다. 그
가 대원제국 역사에 커다란 발자취를 남기며 심양瀋陽을 봉지封地
로 받았던 충선왕忠宣王이다.

> 하루는 황제쿠빌라이가 편전便殿에서 세자─충선왕─를 불
> 러다가 보았는데 팔걸이에 기대어 누워서 "너는 무슨 책을
> 읽었느냐?"하고 물었다. 세자가 대답하기를 "스승으로 유학

자인 정가신, 민지가 여기까지 따라 와 있어서 숙위宿衛의 여가가 있을 때면 《효경孝經》《논어論語》《맹자孟子》에 대하여 질문합니다"라고 하였다. 황제가 크게 기뻐하면서 "그러면 정가신을 한번 불러 오라!"고 하였다. 세자가 그와 함께 다시 갑자기 들어가니 황제가 누워 있다가 일어나서 관면冠冕, 의관을 쓰면서 세자를 책망하기를, "너는 비록 세자지만 나의 손자가 아닌가! 그러나 정가신으로 말하면 제후의 신하라 하더라도 유학자이다. 왜 나로 하여금 관을 쓰지 않고 유학자를 만나게 한단 말인가!"라고 하였다.

정가신鄭可臣은 고려 후기의 문신으로 충선왕의 세자 시절 스승이었다. 그는 1290년 세자가 원나라에 갈 때 민지閔漬와 함께 수행했다.

내친김에 고려왕과 몽골 공주의 가계사를 보자.

고려왕과 몽골 공주의 가계사

왕	재위	부인
충렬왕	1275~1308 고려 24대왕 원종의 아들	**코톨록 케이미시** 쿠빌라이칸의 막내딸 38세 사망
충선왕	1298, 1308~1313 충렬왕과 코톨록 케이미시의 아들	**보다시리 베키** 1315년 사망 쿠빌라이 계통 진왕 카말라의 딸 **예수진** 1316년 사망 출신 불명
충숙왕	1314~1330, 1332~1339 충선왕과 예수진의 아들	**이린첸발** 1316년 결혼. 1319년 구타로 사망 영왕 에센테무르의 딸 **금동공주** 1324년 결혼, 1325년 원인미상 사망, 18세 위왕 아모간의 딸 **바얀 코톡크** 출신 불명. 1334년 사망
충혜왕	1331, 1340~1344 충숙왕의 아들	**이린친발** 관서왕의 큰딸 1330년 결혼. 충목왕 낳음
충목왕	1345~1348 충혜왕과 이린친발의 아들	12세에 죽어 부인 없음
충정왕	1349~1351 충혜왕의 서자	어려서 죽어 부인 없음
공민왕	1352~1374 충혜왕과 어머니가 같은 동생	**보다시리 베키(노국대장공주)** 원 종실 위왕의 딸 1349년 결혼, 1365년 사망

을乙로 살아 갑甲으로 부활한 후계자

01

이제 쿠빌라이 이야기는 끝났다. 이 책은 쿠빌라이 평전이 아니다. 역사서는 더더욱 아니다. 그의 일생 중 건너뛴 대목도 있고, 앞뒤를 바꾼 부분도 있고, 충분히 설명되지 못한 구석도 많다. 전공학자가 아닌 나로서는 모든 것을 설명하고 분석할 능력과 자질이 없다. 이점 양해해주길 진실로 바란다. 더 양해를 구하고 싶은 것은 견강부회로 비쳐질 대목도 있다는 것이다. 나는 그저 몽골과 유목민을 공부하는 사람이자, 저널리스트로서 오늘에 필요한 이야기를 하고 싶었다.

내가 하고 싶었던 이야기는 간단하다.

"결단력 있는 자만이, 결단하는 자만이 살아남는다."

쿠빌라이 일대기는 완전히 다른 약자가 절대 강자를 이기고 세계를 통치한 기록이다. 금나라와 청나라도 중화를 지배한 이민족이었다. 그러나 이들은 급속하게 중화에 동화됐다. 그들의 지배 기간은 민족의 헤게모니 쟁탈전이나 다름없었다. 쿠빌라이는 달랐다. 그는 전혀 다른 패러다임을 만든 인물이다.

책을 쓰다 보니 한가지 아쉬움이 남았다. '후계자 쿠빌라이' 이야기다. 책의 편제상 어쩔 수 없었지만, 그냥 넘길 수는 없는 이야기다.

잘 알다시피 쿠빌라이는 창업자가 아니었다. 후계자였다. 창업자 칭기스칸의 손자이자, 몽골제국 제5대 칸이었다. 그러나 그의 성공과 성취는 창업자를 압도한다. 그것은 창업자 아닌 후계자였기 때문에 더욱 빛을 발한다. 만약 그가 창업자였다면 흥미와 놀라움과 궁금증은 반감됐을 것이다.

창업자는 창업 그 자체가 성공이다. 그러나 후계자는 다르다. 후계자의 행보 하나하나는 성공과 실패의 갈림길이다. 무엇이 후계자의 성공과 실패를 가를까?

쿠빌라이의 생애를 돌아보면 결론은 간단하다. 갑甲을 자처하느냐, 을乙을 자임하느냐가 양자를 가른다. 창업자는 평생을 을로 살다간다. 을이 아니면 '시작'은 몰라도 '창업'은 불가능하다.

쿠빌라이의 삶은 후계자들과의 경쟁, 투쟁의 연속이었다. 그가 상대했던 후계자들의 면면을 보라. 그에게 무릎을 꿇고 목숨을 구걸한 후계자들, 무릎까지 꿇진 않았지만, 결국은 쿠빌라이에게 밀려 실패한 후계자들이었다.

형 멍케, 동생 아리크 부케, 남송의 지배자들, 어거데이칸의 손자 카이도, 동방3왕가의 나얀…. 그들은 하나같이 갑을 자처한 후계자들이었다.

당시 갑을 자처하는 후계자들은 과장해서 말하면 물려받는 행위 말고는 한 일이 거의 없었다. 창업자의 핏줄이란 점밖에는 내세울 게 없었다. 그들은 그걸 밑천으로 물려받는 데 모든 것을 바쳤다. 그 길에는 다른 핏줄도, 친인척도 안중에 없었다. 한 뱃속에서 나온 형제에게도 마찬가지였다. 그들은 물려받는 것 자체가 유일한 목표였다. 그들이 물려받고 싶었던 것은 가치가 아니다. 가치가 가져다주는 부와 권력과 권위와 영향력을 넘겨받고 싶었던 것이다.

아무것도 한 것 없는 후계자가 갑으로 살려 하면 조직 공동체, 개인, 가정 모두에게 재앙을 부른다.

02

만약, 정말로 만약에, 그런 후계자들이 요즘 세상에 태어났더라면 아마도 이렇게 살아갈 것이다. 굳이 재벌기업 후계자만 연상할 필요는 없다. 구멍가게, 생선가게, 전당포, 한복가게, 세탁소, 하청업체, 사립학교, 학원, 병원, 종친회…. 유한한 삶을 살아가는 인간 사회에 후계자 없는 곳은 없다.

쿠빌라이에게 밀린 후계자들이 오늘을 산다면 자존심과 체면을 건드리는 것은 절대로 용납하지 않을 것이다. 일정한 선을 넘는 비판과 지적도 그냥 넘기지 않을 것이다. 그들은 형식과 의전에 유난히 민감할 것이다. 아랫사람들을 공평하게 대한다고 강조하지만 측근그룹 멤버를 고르느라 늘 신경이 곤두서 있을 것이다. 물려받은 조직의 덩치를 키워주는 아랫사람이라면 모조건 신임할 것이다

쿠빌라이에 패배한 후계자들이 만약 이 시대에 태어났다면 글로벌 스탠다드, 초일류, 인간 존중, 우아와 격조와 품격, 자선과 봉사, 정의와 양심, 국가와 민족 걱정 등등은 자신들의 전매특허로 생각할 것이다.

그러나 그들의 영혼은 따로 놀 것이다. 어떻게 처신하고 어떻게 포장해도 창업자에 대한 콤플렉스를 벗어나지 못할 것이다. 주위의 말없는 시선이 그걸 눈치 채고 있다는 사실을 알면 더더욱 초조해질 것이다. 그 틈을 타 약삭빠른 일부 아랫사람은 후계자를 속이고, 후계자 뒤에서 호가호위할 것이다. 아랫사람 혼자서는 버겁다고 판단되면 다른 아랫사람들과 합작해서 파벌을 만들 것이다. 갑을 자처하는 후계자들은 그걸 뻔히 알면서도 속수무책일 것이다.

그들은 이런 장막 뒤에 숨거나 숨겨질 것이다. 그러는 사이 성공을 위해서라면 무슨 짓이든 마다하지 않았던 창업자의 을의 정신은 뒷전으로 밀려날 것이다. 뒤늦게 정신 차린 후계자들은 신화 만들기에 열 올릴 것이다. 그러나 그건 누가 보기에도 신화가 아닐 것이다. 우화일 것이다. 그런 후계자들이 후계자가 된 후 해마다 내놓는 신년사나 창업기념사는 오락가락, 갈팡질팡할 것이다. 그때그때마다 임기응변식이어서 확고하고 일관된 의지나 비전을 찾기 어려울 것이다.

"미래? 지금 내 앞에 재물과 권력과 권위와 영향력이 있는데 무엇 때문에 미래를 걱정해야 하나. 천천히 생각해도 늦지 않아."

여유만만해 보이지만 막상 위기를 만나면 이리 뛰고 저리 뛰다가 몰락의 길로 들어설 것이다. 창업자가 하늘나라에 있다면 발을 동동 구르고, 창업자가 살아있다면 땅을 치고 통곡할 것이다. 참으로 비참한 결말일 것이다.

03

쿠빌라이는 바로 그런 후계자들을 모조리 물리친 후계자였다. 그는 갑을 자처했던 후계자들에 맞서 을을 자임했던 후계자였다. 쿠빌라이는 사실 후계자가 아니었다. 버림받은 칸의 손자, 벼랑 끝으로 내몰린 칸의 손자였다. 그럼에도 그는 필사의 힘을 다해 을의 혼을 놓치지 않았던, 진정한 후계자였다. 그것만이 상처받은 영혼을 치유하는 유일한 길이었다. 그는 언제나 할아버지 칭기스칸의 창업정신을 가슴속에 새기며 살았다. 그는 새로운 창업을 위해 자존심과 체면과 쇼맨십을 훌훌 털어버렸다.

스스로 엎드렸으며, 70이 넘는 나이에도 현지 전투에 나섰다. 중국인, 아랍인, 티베트인에게도 허리를 굽혀 타협했다. 그리고 차세대에게 물려줄 자랑스러운 신화, 자신만의 당당한 신화를 창조했다. 비열한 우화 놀음이 아니었다.

"내 후손들이 비단옷을 입고 벽돌집에서 떵떵거리며 사는 날 내 제국은 멸망하리라."

생전의 칭기스칸이 후손들에게 수없이 되풀이 해준 경고다. 쿠빌라이는 그 말을 잊지 않았다. 그 경고를 가슴에 새기고 살았던 쿠빌라이. 그의 현실은 을이었지만 그의 역사는 갑이 됐다. 위기 속의 오늘, 그리고 이 위기를 벗어나도 언제 다시 더 큰 재앙이 몰려올지 아무도 모르는 오늘, 쿠빌라이가 전하는 또 하나의 메시지는 후계자로서의 숭고한 삶이다. 창업자 칭기스칸도 고개를 숙여야할 후계자의 삶, 사람답게 살다간 삶이다.

연표

어거데이칸, 몽골제국 제2대 칸으로 즉위(~1241년)	1229	
	1231	몽골 살리타르撒禮塔 장군 고려 침공(제1차), 부인사 대장경 소실
몽골군, 금의 주력군 격퇴 툴루이 사망(1월)	1232	살리타르 제2차 침공. 김윤후와 처인處仁 부곡민에게 학살 고려 황실, 강화도江華島 천도
금의 수도 개봉 함락	1233	
금 멸망	1234	
어거데이칸, 수도 카라코롬 건설. 바투의 유럽 원정 시작	1235	
어거데이의 삼남 쿠추, 남송 원정 중 사망. 원정 실패(2월)	1236	고려 팔만대장경 조판(~1251년) 이규보李奎報, 《동국이상국집東國李相國集》 편찬
몽골군이 황룡사와 9층 목탑을 불태움	1238	
몽골 서정군西征軍, 키예프 함락	1240	
몽골군 헝가리, 폴란드 함락 어거에이칸 사망	1241	신성 로마 제국
킵차크칸국과 차가타이칸국 성립	1243	
구육칸이 몽골제국 제3대 칸으로 즉위(~1248년)	1246	
멍케칸이 몽골제국 제4대 칸으로 즉위(~1259년)	1251	
훌레구, 서아시아 원정 시작(~1260년)	1253	
	1254	독일 대공위시대 시작(~1273)
훌레구가 바그다드의 압바스조를 멸망시키고(2월) 일칸국 성립(~1393년)	1258	고려 무신정권 붕괴

멍케칸 사망(중국 조어산)	1259	고려 태자(훗날 원종) 쿠빌라이에게 항복 문서 전달
쿠빌라이, 상도에서 칸에 즉위 (4월, ~1294년) 아리크 부케, 카라코룸 정식 코릴타에서 칸 즉위(5월)	1260	
아르구, 차가타이칸국 칸에 즉위	1261	
쿠빌라이, 아리크 부케군 제압	1264	
일칸국의 칸 훌레구 48세 일기로 사망	1265	
대원제국의 수도 대도大都 건설 시작(~1292년 1차 완공)	1266	
쿠빌라이칸, 남송 정벌 선언	1267	
남송의 요충지 상양번성 전투 개시 초원세력의 잔당인 카이도 반란 시작	1268	
티벳 승려 곽파, 41개 자모의 파스파문자 창제	1269	
	1270	고려 왕실 강화에서 개경으로 천도 삼별초의 항쟁 개시(~1273년) 제7차 십자군 원정
쿠빌라이, 중국식 국호 '원' 채택. 수도를 북경(대도)으로 천도 원의 수군, 남송의 범문호가 이끄는 10만의 수륙부대 격퇴	1271	마르코 폴로 동방 여행 시작(~1295)
상양성의 여문환 장군 항복	1273	
대원제국의 입안자, '흑의의 재상' 유병충 사망	1274	
대원제국의 바얀 총사령관, 남송 수도 항주에 무혈입성		
여몽연합군, 일본 정벌 실패		

마르코 폴로 상도 도착, 쿠빌라이 알현	1275	
원, 미얀마 침공	1278	
애산厓山 전투를 끝으로 남송 멸망(1127~)	1279	
대원의 천재수학자 곽수경, 달력 '수시력' 완성	1280	
	1281	고려, 원의 달력 '수시력' 받아들임
대도의 바닷길인 직고운하 개통	1282	
	1285	일연 《삼국유사》 편찬
동방3왕가 나얀 반란 진압	1287	
	1290	충렬왕 강화 피난
대도 완성. 통혜하 완공 일칸국의 역사가 라시드 앗딘, 가잔칸에 의해 재상에 임명됨	1292	고려 개경 환도
	1299	마르코 폴로 《동방견문록》 저술 오스만 제국 건설
초원반란세력의 지도자 카이도 사망	1301	
	1302	프랑스, 삼부회 소집 아비뇽 유수(~1377) 단테 《신곡》 완성
	1310	원에서 충선왕을 심왕瀋王에 봉함
아부사이드칸이 독살되면서 일칸국 분열 시작	1325	
티무르 탄생	1336	
	1337	영국과 프랑스, 백년전쟁(~1453)
	1338	일본, 무로막치 막부 성립(~1573)
고려의 기씨奇氏가 원의 황후로 책봉	1340	

여행가 이븐 바투타 천주 도착	**1346**	
	1348	유럽에 페스트 유행(~1351년)
	1352	공민왕의 배원정책 원나라 연호 사용 중지 쌍성총관부 회복
	1359	고려에 홍건적 침입 서경 함락(~1362년)
	1363	문익점文益漸, 목화씨 전래
	1365	신돈 집권
몽골제국 멸망 대원의 토곤 테무르칸, 내몽골로 피신	**1368**	
	1392	조선 개국
	1492	콜럼버스, 바하마제도 와틀링섬 도착

찾아보기